JN204396

中小企業のための働き方改革成功の鍵

生産性を上げる経営管理と労務管理

望月 敬介 著

経営書院

はじめに

働き方改革に向けた取り組みとして長時間労働の是正がクローズアップされています。長時間労働の是正には生産性の向上が不可欠であると叫ばれていますが、時間外労働をなくしたり、年次有給休暇を取れば生産性が上がると勘違いしている向きがあったり、経営者の強いリーダーシップがあればなんとかなりそうといった精神論的な論調もあります。

本書では、TOC（制約理論）に基づいた、生産性を上げるための科学的かつ具体的な手法について解説していきます。

国立社会保障・人口問題研究所の報告によると、労働力となる生産年齢人口（15歳から64歳）は、ピーク時の1995年に8726万人に達しましたが、その後は減少局面に入り、2010年には8,173万人にまで減少しています。将来の生産年齢人口は、出生中位推計の結果によれば、2027年には7000万人、2051年には5000万人にまで減少すると推計されています。

また、平成28年版労働経済白書によると、企業側で49.4％、労働者側で57.0％が人手不足であると回答しています。すなわち、企業の半数が人手不足を認識している状況です。そして、人手不足企業の48.4％が人手不足により「需要の増加に対応できない」、すなわち受注の見送り・先送りをしなければないチャンスロスの状況になってしまっています。

これからは生産人口年齢の減少による慢性的な人手不足と

なり、必要な労働力の確保が企業経営にとって最も重要な問題となっていくでしょう。

中小・零細企業は、バブル崩壊、リーマンショックなどのさまざまな景気変動の経験から、伝統的に固定費を圧縮しギリギリの社員数で経営してきました。たとえば、通常は社員10人で間に合っていますが、繁忙期になると15人の社員が必要な会社では、繁忙期は社員の残業と臨時のアルバイトで乗り切ってきました。普段から繁忙期に備えて15人も雇うようなことはしてきませんでしたし、そのような余裕もありませんでした。また、2010年初めごろまでは、景気が低迷していて労働力が余剰状態であったため求人にはさほど支障がありませんでした。しかし、少子高齢化による生産年齢人口の減少により潮目が急激に変わり、人手不足が深刻な社会問題となってきました。中小・零細企業においては人手不足が一挙に死活問題となってしまったのです。

人手不足が深刻化すると、既存の社員の負担が大きくなり長時間労働や過重労働の元凶となってきました。国が推進する“働き方改革”で長時間労働の是正が最重要課題となっています。企業はノー残業デーやノー残業ウィークの設置、年次有給休暇取得促進などの取組を実施し長時間労働の是正に取組んでいますが、単に労働時間が減ったことが、生産性が向上したことにはなりません。また、仕事のやり方がそのままであればどこかにひずみが生じてサービス残業の温床にな

りかねません。働き方改革は「早く帰る運動」ではないのです。早く帰っても仕事が滞ってしまい、顧客の信頼を失い企業業績に悪影響を及ぼしたら元も子もありません。

何度も言います。残業をなくしただけでは生産性は向上しません。

では、生産性を上げるとはどのようなことをいうのでしょうか？

労働生産性の一般的な計算式は次のとおりです。

労働生産性＝付加価値額／労働者数×労働時間

付加価値を労働投入量（人数×時間）で割ると、労働投入時間あたりにどれだけの付加価値を創造したかを見ることができます。

労働生産性を高めるには労働投入量（人数×時間）を減らすだけでなく、付加価値を向上させる必要があります。付加価値とは、製造業なら売上高から材料費と外注費を引いた金額で、小売業なら売上高から仕入高を引いた金額をいいます。いわゆる、粗利益額を指します。

付加価値＝売上高−外部調達費（材料費、外注費または仕入原価）

すなわち生産性を上げるとは「時間当たりの利益」を上げることをいいます。10万円の利益を生み出すのに、1時間で生み出すことができるのと、10時間も掛かってしまうのでは生産性は10倍も違ってきます。同様に10万円の利益を1時間で

生み出すことができても、1人でできるのか、2人必要なのかで生産性は2倍も違ってきます。

　生産性を高めるとは時間当たりの利益を最大化させることです。

　生産性を上げるにはリードタイムを短縮させることと付加価値を増やすことを両立しなければなりません。

　エリヤフ・ゴールドラットが提唱したTOC（制約理論）では、企業には"生産性の敵"となる物理的制約、方針の制約、市場の制約といった制約条件があります。この制約条件を解消することが生産性を上げる近道となります。

目　次

第1章

社員一丸となって頑張る会社ほど損をする

 ## 1．全体最適で生産性は上がる

○ TOC（制約理論）とは

　制約理論（TOC：Theory of Constraints の略）は物理学者であるエリヤフ・ゴールドラットが提唱した理論です。その目的は制約条件を解消して会社のパフォーマンスを向上させ、「利益＝売上高―外部調達費（材料費、外注費、または仕入原価）」を最大化することです。

　TOC における「物理的制約」、「方針の制約」、「市場の制約」といった3つの制約を解消することで生産性を向上させ、長時間労働の削減と賃金アップが実現します。

○全体最適とは

　生産性を向上させるとは「時間当たりの利益」を高めることです。それには制約条件を最大活用してパフォーマンスを

最大化させます。これを"全体最適"と呼びます。

図表1

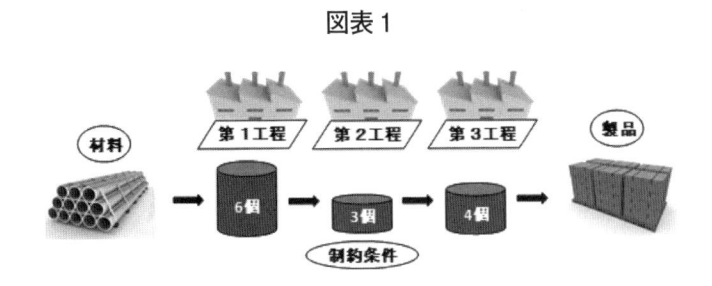

　ある工場の製造工程です。材料を投入してから製品になるまで3つの工程があります。各工程の機械の1日の生産能力は、第1工程は6個、第2工程は3個、第3工程では4個です。この工場の1日の最大生産能力はいくつでしょうか？
答えは3個です。

　なぜなら、第2工程は1日に3個の生産能力しかありません。ですから第1工程と第3工程でいくら頑張っても1日に3個しか生産できません。したがって、この工場では最も生産能力の低い第2工程が物理的制約になります。

　制約条件である第2工程のパフォーマンスが上がれば工場全体のパフォーマンスも上がります。このように、制約条件に集中して全体に成果をもたらすことを"全体最適"といいます。反対に第1工程や第3工程といった制約条件以外のパフォーマンスを上げても工場全体のパフォーマンスには影響がありません。このように工程ごとに生産性を高める活動を

"部分最適"といいます。したがって、"部分最適"でいくら頑張っても時間と労力とお金の無駄だということがわかります。

「制約条件」とは利益を最大にする企業活動にあたり、最も能力が低い活動をいいます。また、「制約条件」のことを「ボトルネック」ともいいます。まさしく瓶の首の意味です。それは瓶のサイズに関係なく中身の流出量は狭まった首に制約されるからです。砂時計の砂が落下する細い部分を連想してみて下さい。上下の砂を入れる器がどんなに大きくても、砂が落下する部分のサイズで制約を受けます。

○希少リソースによる制約

制約条件は物理的制約だけでなく、「希少リソース」による制約もあります。希少リソースとは会社全体のパフォーマンスに大きな影響を与える優秀な人材や部門を指します。

図表2

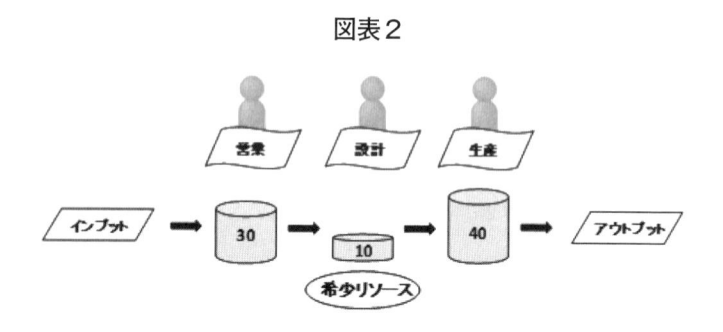

　組織の仕事の流れは部門ごとのつながりとばらつきがあります。**図表2**の会社をみると明らかに設計が制約条件となっています。設計が制約条件となっているのは物理的な設備不足でしょうか。それとも人手不足でしょうか？

　設計の仕事を分析してみると設計者は本来の仕事をしていませんでした。わざわざ設計者がやらなくてもいいような雑務や会議への参加など、1日のうちで設計に集中できる時間はごくわずかでした。それが原因となり設計の仕事が遅れ制約条件になっていたのです。

　希少リソースである設計は、マルチタスク（仕事の掛け持ち）により設計の仕事が制約され本来のパフォーマンスが発揮されていない状態でした。

　設計者がやらなくてもよい仕事は他の人に任せて、設計の仕事に集中させることにより全体最適を実現することで生産性は向上します。

◆エピソード1／本来の仕事をしていなかった設計屋さん

　あるところに機械製造会社がありました。取引先からの受注から製品の納入までは通常4ヶ月間です。社長の悩みは納期前の1ヶ月間は、約束の納期に間に合わすために毎晩遅くまで残業が続くことでした。そのため納期前の1ヶ月間では残業時間が増え、ほとんどの社員が月100時間超えの残業をしていました。社長が工場長に原因を聞くと「設計が遅い」

とのことでした。社長は設計部門が制約条件と考え最新の
キャドシステムを導入しました。社長はこれで設計部門の制
約条件が解消されると確信しました。しかし、その効果は
まったく現れませんでした。

「設計が遅い」原因は他にありました。営業社員が専門的
な説明が必要な時には必ず設計者を同行させていました。ま
た、さまざまなプロジェクト会議に出席を求められるなど、
設計以外の雑多な仕事に費やしている時間が多く設計の仕事
に集中できない状態でした。そのため、設計者は本来の仕事
に集中できずに遅れていたのです。

社長は設計者の営業同行と会議の出席は必要最小限にする
といったルールを決めました。また、設計者がやらなくても
よい仕事は他の人が代わりに行ない設計の仕事に集中できる
環境にしました。それからは制約条件が解消され、設計の仕
事もスムーズになり納期前1ヶ月間の残業時間は大幅に減り
ました。

○希少リソースを仕事に集中させる

制約条件を分析してみると、決して機械の能力などの物理
的制約だけが制約条件になるとは限りません。会社全体のパ
フォーマンスに大きな影響を与える"希少リソース"が本来
の仕事以外の雑多な仕事に追われ、本来の仕事が集中してで
きなくなると制約条件になってしまいます。優秀な社員や期

待されている人材ほど制約条件になりやすい傾向があります。なぜなら「できる人間」に仕事が集中しがちになってしまうからです。

　では、こうした"希少リソース"を本来の仕事に集中させ全体最適にするとなぜ利益が最大化になるのでしょうか？

　制約条件である希少リソースの無駄遣いをやめて、本来の仕事に集中させれば従来よりも制約条件のパフォーマンスは向上します。制約条件のパフォーマンスが上がれば必然と会社全体のアウトプットも増えます。すなわち、制約条件となっている希少リソースをフル活用させることで、会社全体の生産性向上に結びつくのです。もちろん、希少リソースが本来の仕事に集中できるようにしただけなので、固定費の増加や設備投資もありません。

　TOCによる全体最適は、1か所の制約条件のみに集中させパフォーマンスを上げるだけで、金も時間も掛けずに「時間当たりの利益」の最大化が実現します。

◆エピソード2／優秀な部長の落とし穴

　あるところに建設会社がありました。そこには社長の信頼もひときわ厚く自他共に認める仕事ができる優秀な部長がいました。社長の悩みは建設現場の工期がいつも遅れてしまいお客さんからのクレームが増えてきたことです。現場監督を呼び出して工程会議を何度も行いましたがなかなか工期が短

縮できません。そこで社長は契約から入金までの自社の業務フローを作り原因を調べてみました。すると、納期遅れの原因はその優秀な部長だったことが判明しました。見積り、契約、設計、業者への発注などさまざまな業務は、すべてこの優秀な部長の決裁が必要だったのです。まさにマルチタスクそのものです。部長の机の上には未決裁の書類がうず高く積まれていました。部長が会議や出張で留守が多くなるとその書類の山は倍にも高くなっていました。

　社長は、部門ごとの役割分担を明確にし、それぞれの部門の責任者の決裁権の範囲を決め権限を委譲しました。部長は重要事項の決裁のみに特化させ決裁遅れを解消しました。また、部長の不在時に急ぎの場合はSNSを利用した決裁システムを作り制約条件を解消しました。

2. 物理的制約を解消してリードタイムを短縮する

○物理的制約とは

　生産性を高めるためにリードタイムを短縮するには物理的制約の解消をします。

　物理的制約とは、機械、装置、設備の能力、人の投入可能人数や能力などの生産キャパシティ（生産資源）や材料の調達の制約など、物理的に一番弱い能力が制約条件となります。物理的制約の解消によってリードタイムが大幅に短縮されることにより、経費や仕掛品が削減でき、キャッシュフローが改善され会社の収益性が向上します。

　製造工程では仕掛品が滞留している一番能力が低い工程、事務ではいつも書類が山積みになって遅れてしまう仕事が制約条件となります。

図表3　物理的制約を解消するための5段階改善プロセス

① 制約条件を見つける
↓
② 制約条件を徹底活用する
↓
③ 制約条件以外の工程を制約条件工程に従属させる
↓
④ 制約条件の能力を高める
↓
⑤ 制約条件が解消したら①に戻り繰り返す

◆　第 1 ステップ　　制約条件を見つける

図表4

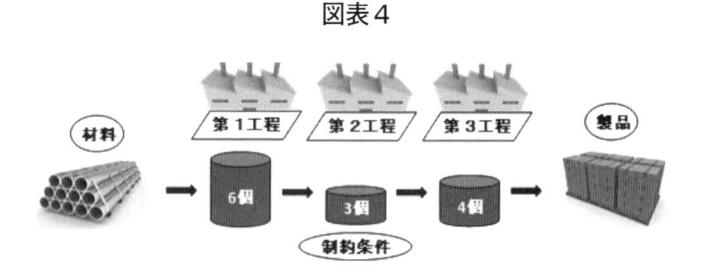

　TOC では会社のシステムのパフォーマンスを上げるために、制約条件を見つけ出しこれを改善します。まずは、システムの中に潜む制約条件を見つけることが第 1 ステップです。この工場の制約条件は 1 日 3 個の生産能力しかない第 2 工程でした。すなわち、この工場の最大生産能力は制約条件の生産能力である 1 日 3 個になります

　制約条件を見つける方法として、工場では前工程からの仕掛品が溜まってしまっている工程、事務職では机の上にうず高く書類が溜まっているところなどが制約条件となっている可能性があります。

◆ 第2ステップ 制約条件を徹底活用する

図表5

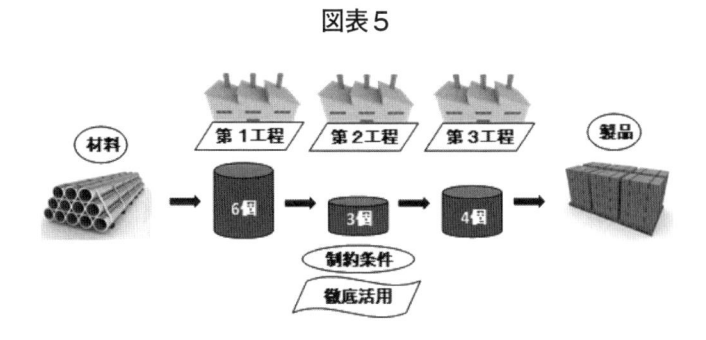

　制約条件の生産能力がこの工場全体の生産能力です。したがって、制約条件でのムダは許されません。この工場では第2工程の生産能力を最大限に活用して3個製造を維持しなければなりません。もしも、なんらかのトラブルで2個製造になってしまったら、工場全体の生産能力は2個になってしまいます。

　そのため、制約条件に入る不良品をなくすなど制約条件の能力を最大にしなければなりません。

◆　３ステップ　　材料の投入を制約条件に従属させる

図表６

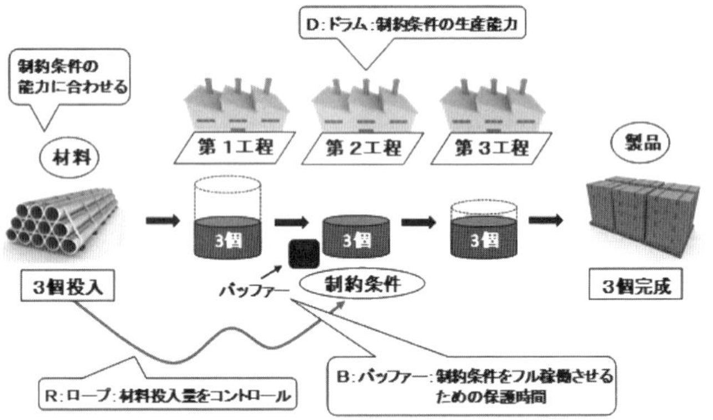

材料の投入数を制約条件の生産能力３個に合わせることで、他の工程の生産量も制約条件の生産能力に従属させます。

ドラム・バッファー・ロープ（DBR）は適切な材料を適切なタイミングで投入することにより、制約条件を徹底活用しシステム全体の最適化を図るシステムです。その結果、リードタイムが短くなり、仕掛品在庫も減少し、納期遅れも改善されます。

○ドラム・バッファー・ロープ（DBR）の具体的な運用方法

制約条件の生産能力分だけの材料を投入します。制約条件がストップしないように適正なバッファー（保護時間）を制

約条件の前に設定します。

　バッファーのサイズは補充するためにかかる時間から設定しますが、あまり多すぎるとリードタイムが大きくなり仕掛在庫が増えてしまいます。その反対に少なすぎると制約条件がストップしてしまう危険性があります。

◆　第4ステップ　　制約条件の能力を高める

図表7

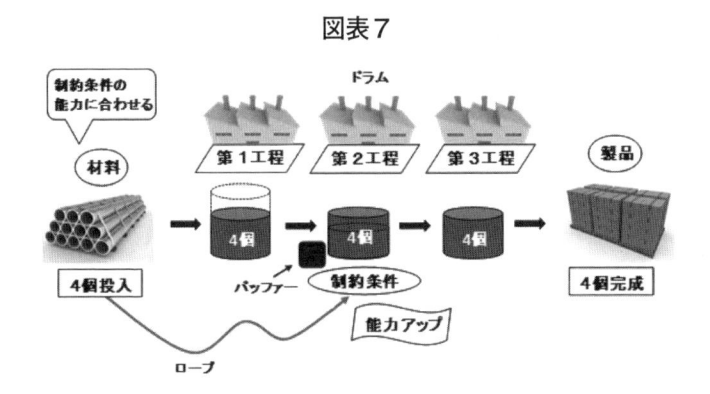

　仕掛品が減少しリードタイムが速くなっても、生産能力が市場の需要量に間に合わなければ制約条件の生産能力を上げます。

　第2ステップで制約条件工程を徹底活用したら、第4ステップではその工程の能力を引き上げます。たとえば、制約条件である第2工程の生産能力が3個から4個へと能力アップされれば、工場全体の生産能力も4個となり生産力が向上

します。

◆　第５ステップ　　制約条件が解消したら第１ステップに
　　戻る

図表８

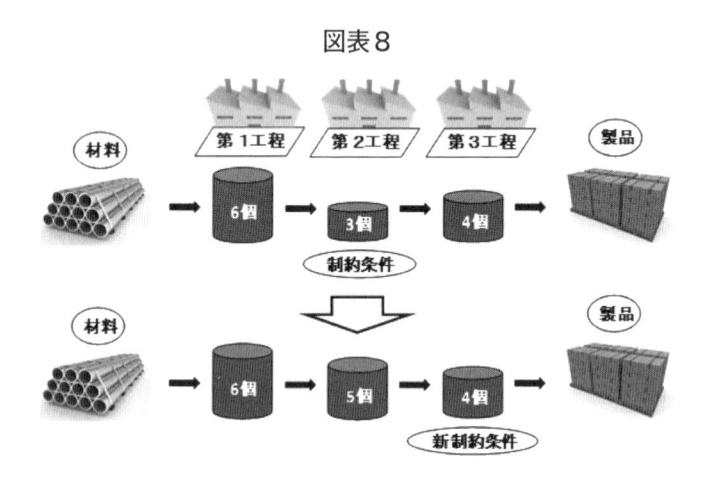

　それまで制約条件であった第２工程の生産能力が高まり３
個から５個になりました。すると、この工場の制約条件は生
産能力が４個の第３工程へ移りました。このように、制約条
件は移動します。
　再び第１ステップに戻り、新たな制約条件を見つけ出し、
５段階改善プロセスを実施します。

○リードタイムが長くなるカラクリ

・工程ごとの1日の生産能力は第1工程6個、第2工程3
　個、第3工程4個でした。

・材料を毎日6個投入します。

＜1日目＞

図表9

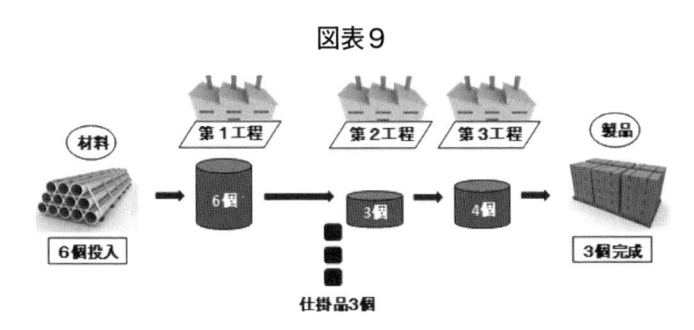

　1日目には完成品3個と制約条件の第2工程の前に仕掛品
3個となりました。

＜4日目＞

図表10

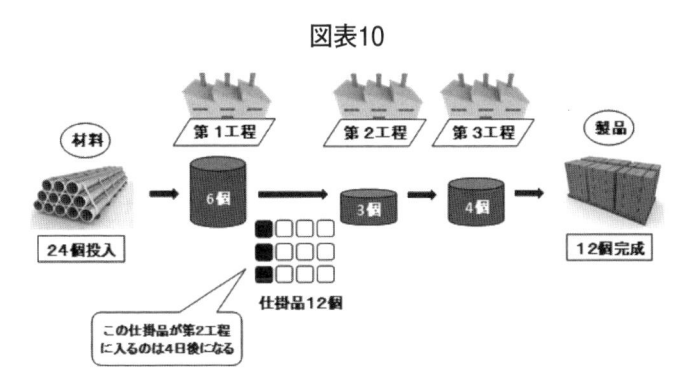

4日目には完成品12個と制約条件の第2工程の前に仕掛品12個となりました。

　4日目の最後に投入された材料が完成品になるまでのリードタイムは5日間に伸びています。

　仕掛品の滞留が増加するとリードタイムが伸びてキャッシュフローも悪くなってしまいます。

　材料の投入数を制約条件である第2工程の生産能力に合わせて3個にすれば、仕掛品は滞留しません。制約条件が止まらないように第2工程の前に適正なバッファーを設定します。このように、ドラム・バッファー・ロープ（DBR）で制約条件の能力に合わせた材料の投入が仕掛品の滞留を防ぎリードタイムを短縮させます。

◆エピソード3／混雑する銀行窓口
　あるところに銀行がありました。その銀行の窓口はお客さんで大変に混雑していました。そこで支店長は一計を案じ窓口の受付を3人から5人に増やしました。しかし、窓口の混雑はいっこうに解消されませんでした。窓口の奥をのぞくと決裁をする人が1人いました。その人の机の上は決裁を待つ通帳の山でした。そうです！この決裁をする部門が物理的制約だったのです。本来ならば制約条件である決裁部門の人数を増やして決裁能力を高めなければならないところを、制約条件以外の窓口の受付能力を高めたところでなにも状況は改

善されなかったのです。

○物理的制約の解消でリードタイム短縮と長時間労働是正

　制約理論（TOC）の物理的制約は生産現場以外でも活用できるものです。

　企業活動においては業種、職種、企業規模の大小を問わず、どの企業や組織にも制約条件は必ず存在します。また、受注契約から入金までといった一連の企業活動においても制約条件は存在します。

　要するに制約条件とは「いつも遅れてしまうところ」、「いつも仕事が詰まってしまうところ」です。

　建設業では材料や外注業者待ちや重機などのリソースの競合で工事が止まってしまう工程。工場では仕掛品在庫が溜まっている工程。また、その会社の物流部門が制約条件だったら完成品が倉庫に滞留しています。

　制約条件での時間の滞留がリードタイムを伸ばし長時間労働の大きな要因となっています。それは制約条件で遅れた分、そのあとの工程が納期に間に合わせるためには残業で補わざる得なくなるからです。

　仕事の絶対量の削減がなく、少子高齢化による労働力不足が解消されない現状では長時間労働の是正対策としては仕事のリードタイムを短縮させて生産性を向上させるしかありません。たとえば、今まで10万円の利益を獲得するために8時間かかった仕事を4時間に短縮できたら「1時間当たりの利

益」が増加し、生産性が 2 倍に改善されたことになります。

　したがって、長時間労働を是正するには、TOC による「5 段階改善プロセス」、「ドラム・バッファー・ロープ（DBR）」を活用し、物理的制約の解消によるリードタイムの短縮が不可欠となります。

◆エピソード 4 ／チャンスロスのレストラン

　あるところにレストランがありました。お昼どきのため20席ほどのテーブル席はお客さんで満席でした。お店にはウエイトレスが 5 人います。でも、ほとんどのテーブルには料理が運ばれていません。5 人のウエイトレスは暇そうに立っているだけです。店の外で待っていたお客さんはあきらめてよその店に行ってしまいました。厨房を覗くとシェフが 1 人で調理から盛り付け、皿洗いまで孤軍奮闘で頑張っていました。このレストランでは希少リソースであるシェフが調理に集中できていません。せっかくのお客さんを逃がしてしまうチャンスロスとなっていました。

■　まとめ

　①制約条件だけを徹底活用させる

　②希少リソースをバックアップして本来の仕事に集中させる

　③ドラム・バッファー・ロープ（DBR）でリードタイム
　　を短縮する

第2章

サバを取ればプロジェクトは
遅れない

 ### 1．なぜ？プロジェクトは遅れるのか*!!*

　生産性を高めるとは「時間当たりの利益」を上げることです。プロジェクトが遅れることは、必要以上の時間を要してしまい生産性を悪化させる最大の原因となります。

　したがって、生産性を高めるにはプロジェクトのリードタイムを短縮しなければなりません。

　「オリンピック競技場の建設工事が遅れている」といった大型プロジェクトが予定よりも遅れているニュースをよく耳にします。また、身近なところではマンションなどの建設工事が予定より遅れ、納期に間に合わせるために夜遅くまで突貫工事をしている建設現場などがあります。NHKのプロジェクトXでも、いつも予定外のトラブルに巻き込まれて遅れます。こうしたプロジェクトの遅れが長時間労働の要因となり生産性の最大の敵となるのです。

なぜ、プロジェクトは遅れてしまうのでしょうか。プロジェクトが遅れるにはそれなりのメカニズムがあります。"全体最適"のプロジェクト管理方法である「クリティカルテェーン」でプロジェクトを管理することで、リードタイムを短縮し生産性を高めます。

◆プロジェクトが遅れる理由

○遅れが伝播するカラクリ

　プロジェクトは複数のタスク（仕事）が同時に進行する並列作業です。**図表1**のようにA、B、Cの3つのタスクが並行しています。タスクDは、A、B、C 3つタスクがすべて完了してはじめて着手できるという依存関係にあります。AとCのタスクが頑張ってどんなに早く完了してもタスクBの完了が3日遅れると、その遅れが伝播してプロジェクトは3日遅れてしまいます。

図表1　遅れの伝播

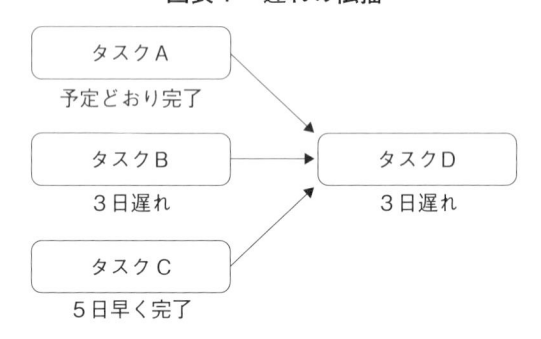

○マルチタスク（仕事の掛け持ち）遅れのカラクリ

シングルタスク

図表2　シングルタスク

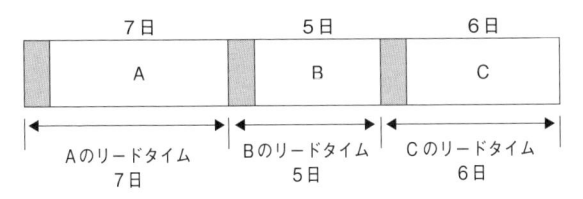

シングルタスクの場合、各タスクに移行するごとに段取り時間が1日あるので、リードタイムは、タスクA7日、タスクB5日、タスクC6日となり、すべてのタスクが終了するのは18日間のリードタイムとなります。

マルチタスク

図表3　マルチタスク

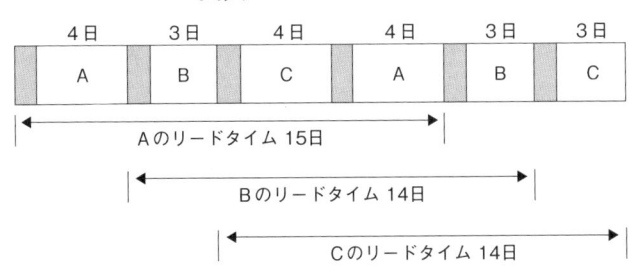

マルチタスクの場合のリードタイムは、タスクAは15日、タスクB14日、タスクC14日となりすべてのタスクが終了するには43日のリードタイムが必要となります。このようにマ

ルチタスクですとリードタイムが大幅に伸びてしまいます。

2．クリティカルチェーンでリードタイムを短縮する

○クリティカルチェーンとは

クリティカルチェーンとはプロジェクトを"全体最適"に管理しリードタイムを短縮させ生産性を高めるプロジェクト管理理論です。

◆クリティカルチェーンをつくる手順

⑴　タスク一覧表をつくる

計画されたプロジェクトのタスクとその所用時間、担当者の一覧表をつくる

図表4

作業名	担当	作業時間
タスク　A	山田　太郎	8日
タスク　B	鈴木　二郎	12日
タスク　C	佐藤　花子	8日
タスク　D	田中さくら	12日
タスク　E	山田　太郎	6日
タスク　F	田中さくら	6日
タスク　G	中村　ユリ	6日

⑵　プロジェクトのネットワークをつくる

①完成（ゴール）を決める

②完成（ゴール）直前のタスクを決める

③順次その直前タスクを決める

④合流点を決める

⑤所要時間を見積る

⑥クリティカルテェーンを決める

図表5

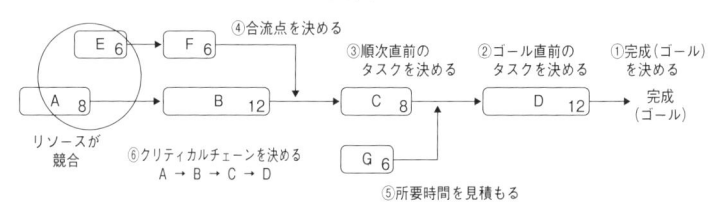

(3) リソースの競合をなくす

図表5を見ると、AタスクとEタスクは同じ担当者が必要なタスクです。すなわちリソースが競合しています。Eタスクの開始をずらすことでリソースの重複を避けマルチタスクをなくします。

図表6

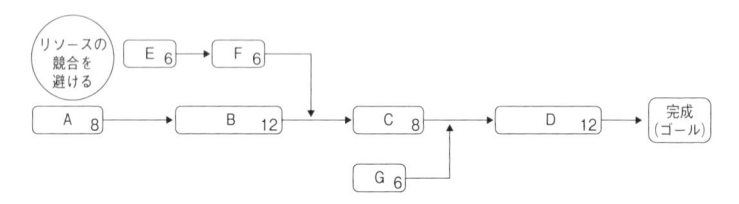

(4)　タスクの時間的余裕（サバ）を取る

　人間には念のためにサバよむ余裕時間を設定する行動特性があります。これを「楽々できる時間」HP（Highly Possible）といいます。また、できるかできないか半々の期間、つまりできる確率が50％の確率の期間を「やればなんとかなる時間」ABP（Aggressive But Possible）といいます。

　「楽々できる時間」で設定している各タスク時間の半分をサバ取りし、各タスクから出てきたサバの合計の半分をプロジェクト・バッファとして一つにまとめます。

図表7

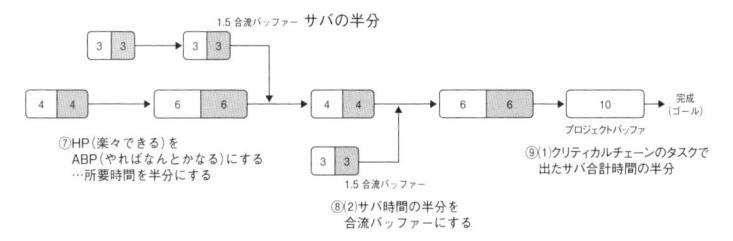

⑦HP（楽々できる）を
ABP（やればなんとかなる）にする
…所要時間を半分にする

⑧(2)サバ時間の半分を
合流バッファーにする

⑨(1)クリティカルチェーンのタスクで
出たサバ合計時間の半分

(5)　バッファーを設ける

1 ）プロジェクト・バッファー

　プロジェクト・バッファーは、クリティカルテェーン全体の遅れに対処し、プロジェクトの納期を守る安全余裕時間です。プロジェクトの納期の直前に設けて進捗状況を管理します。

　当初のクリテイカルテェーン（**図表6**）は HP（楽々でき

る時間）の40日でした。それから、サバ取りした時間（HP－ABP）は20日です。この半分の10日がプロジェクト・バッファーとなります。

２）合流バッファー

合流バッファーは、クリティカルテェーンの合流経路に設けて合流の遅れを防ぎます。

合流経路にあるタスクのサバ取りした時間（HP－ABP）の半分が合流バッファーとなります。

プロジェクトは残りの20％の工程が胸突き八丁で、それまでに要した時間と同じくらい掛かると言われてきました。クリテイカルチェーンはプロジェクトを全体最適で管理することで、リードタイムの短縮が可能になり、納期間際の長時間労働がなくなり生産性を向上させます。

◆エピソード５／工期遅れだらけの土木会社

あるところに土木会社がありました。そこには現場監督が５人いましたがどの監督の現場も工期はいつも遅れていました。社長が遅れの原因を調べてみるとビックリ仰天の嵐でした。どの監督も安全策をとって工期を余裕時間で申告していました。なによりも社長が驚いたのは重機などのリソースの競合でした。自分の現場の工期遅れを心配して必要以上に重機を確保するために他の現場での重機待ちの時間が工期遅れの一因となっていました。リソースの競合は重機だけではあ

りませんでした。作業員や下請け業者も取り合いでした。また、発注ミスによる材料の遅れによる待ち時間も予想以上に多くありました。

　社長はクリティカルチェーンを導入することで、重機、作業員、下請け業者などのリソースの競合を避けて、作業の待ち時間をなくしました。また、各タスクのサバ取りをしてプロジェクト・バッファーで進捗状況を管理することで、どの監督の現場も工期が大幅に短縮しました。そればかりではありません。工期が短縮したことにより現場経費や現場労務費といった固定費が減ったとともに、施工の回転が良くなったため自社施工の現場が増えたため外注費も減りました。

■　まとめ
　①リソースは競合させない
　②タスクのサバを取る
　③サバ取りした時間の半分をプロジェクト・バッファーにして管理

3. 人間の行動特性が生産性の最大の敵

○人間の行動特性とは

　人間には生産性を悪化させる行動特性があります。また、会社の風土や慣習、評価などがそうした人間の行動特性を助長させる要因となることがあります。

生産性の最大の敵である人間の行動特性を排除し、利益が最大化になる行動基準を定めることにより生産性を向上させます。

⑴　余裕時間

　作業完了期間を余裕時間で申告するのは、「信用を失いたくない」「怒られたくない」などの保身から生じる人間の行動特性ですが、会社の風土や評価が"遅れ"に対して厳格であり、ペナルティーが厳しい場合にはこの行動が助長します。

　　行動事例：プロジェクトの計画段階で時間を念のためにサ
　　　　　　　バよんで余裕時間で見積もって計画する。

　　行動基準：サバを取った作業時間で申請している。

　　　　　　　「やればなんとかなる時間」で計画している。

⑵　学生症候群

　時間に余裕があると優先順位を後ろにしてしまい、期限ギリギリになって慌てて始めるといった、まるで学生の夏休みの宿題のような行動特性が人間にはあります。会社の風土や

評価が期日に対して曖昧な場合はこの行動が助長します。

　　行動事例：余裕時間があるので、ギリギリになるまで作業
　　　　　　　に着手せず結局は遅れてしまう。

　　行動基準：作業計画の着手日を遵守している。
　　　　　　　計画どおりにすぐに着手している。

⑶　完了しても未報告

　早く完了した場合に正直に報告すると、次からの期間の短縮要求が強まることを恐れ報告しないといった人間の行動特性があります。会社が作業時間を適切に把握していない場合はこの行動が助長します。

　　行動事例：作業が計画より早めに完了しても報告をしない。

　　行動基準：作業完了時点での即時報告をしている。

⑷　完了基準が不明確

　完了基準が不明確な場合は、「念のため」「もっと良いものを」「これで大丈夫？」といった不安からいつまでたっても作業が完了できない人間の行動特性があります。完了基準を社員に任せきりの会社はその行動が助長します。

　　行動事例：作業の完了基準が明確でないため、念のための
　　　　　　　作業を続けてしまい、いつまでたっても作業が
　　　　　　　完了しない。

　　行動基準：定められた完了基準を遵守している。

⑸　マルチタスク

　優秀な人間に仕事は集中します。集中すればするほどリー

ドタイムが長くなり生産性が悪化します。優秀な人間のマンパワーに頼り、技術の継承や権限の移譲が出来ない会社はこの行動が助長します。

　行動事例：ひとりの人間が一度に2つ以上の仕事を掛け持ちしている。

　行動基準：仕事に優先順位をつけて、ひとつの仕事に集中してリードタイムを短縮している。

○パーキンソンの法則とは

　パーキンソンの法則とは、英国の政治学者シリル・ノースコート・パーキンソンが提唱した法則です。

　第1法則　仕事の量は、完成のために与えられた時間をすべて満たすまで膨張する

　第2法則　支出の額は、収入の額に達するまで膨張する

　すなわち、人間には与えられた予算と時間をあるだけ使ってしまう生き物といった習性があるという法則です。

　会議時間を2時間と決めたら、結論が出てもムダに2時間費やしている会社をよく目にします。また、年度末に予算を使い切るのは役所の専売特許だけではありません。民間会社でも同様の行動をします。その年の予算を使い切らないと翌年の予算が削られてしまうからです。

　このように、パーキンソンの法則を助長させる会社のルールを是正しなければ生産性は向上しません。

第3章

その石頭（いしあたま）が会社をダメにする

 ## 1．利益を最大化させる全体最適の人事評価制度

○方針の制約が生産性向上の邪魔をする

"全体最適"と"部分最適"では全体最適のほうが生産性も上がりリードタイムも短くなって会社にとって良いことは経営トップから現場の社員までみんな知っています。でも、なぜ多くの会社は部分最適のままなのでしょうか？「頭では理解できても気持ちがいうことを利かない」だから今までどおりで何も変えない。これこそ"方針の制約"そのものです。

会社には永年培われた企業カルチャーや慣習、固定概念などがあります。そこには昔は機能していましたが、時代の流れとともに機能しなくなった考え方やシステムが多数存在しています。これが生産性の最大の敵である方針の制約です。頑固な方針の制約が会社の生産性の向上を阻止している原因となっています。

また、間違った方針の下、会社のために「よかれ」と思って一生懸命に働いていても、当事者の思いとは裏腹に損失を拡大するケースがあります。「一生懸命にガンバレば、ガンバルほど会社が大変になる」そんな悲劇が会社のあちらこちらで起きています。

　社員は会社が定めた評価基準や行動基準に応じて行動します。永年に培ってきた会社の評価基準や行動基準が間違っていると生産性向上の邪魔をします。これが方針の制約です。方針の制約は気付きにくく変えにくいものです。部分最適の評価基準や行動基準から生産性を高める全体最適の評価基準や行動基準に改めます。

○部分最適の人事評価制度は生産性の最大の敵

図表1

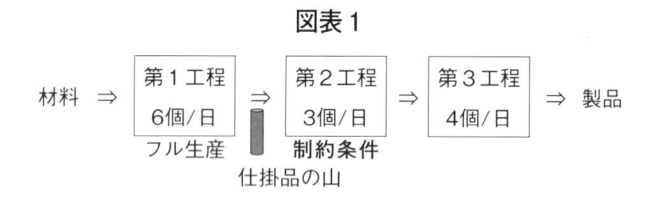

　制約条件を最大活用することが工場全体のパフォーマンスを最大化させます。これを“**全体最適**”と呼びます。

　しかし、勤勉な日本の会社の多くは、制約条件以外の部門で働く人達も、部門ごとに一生懸命に生産性を高めようとします。また部門ごとに生産性を競い合ったりもします。いわ

ゆる **"部分最適"** を目指します。

　部分最適ですと、仕掛品が増えリードタイムが長くなります。制約条件である第2工程では、1日に3個しか生産できないのに、第1工程でフル生産して毎日6個生産したら、10日もすると30個の仕掛品が第2工程の前に山積みされることになります。

　こうなるとリードタイムが長くなり納期遅れの危険性も増します。それに仕掛品が増えることでキャッシュフローも悪くなります。

　では、なぜ部分最適をしたがるのでしょうか？制約条件以外で働いている人は「3個だけ生産してあとは休んでいて」と言われてもサボッていると思われそうでなかなか受け入れがたいものがあります。ましてや、各工程における人事評価基準が "生産性の向上" であればそれぞれの工程の社員は一生懸命に生産性の向上を目標に頑張ります。本来ならば制約条件の第2工程だけに注力し、能力を最大活用して全体最適を目指さなければなりません。他の工程がいくらフル生産したところで工場全体のパフォーマンスの最大化にはつながらないどころか、仕掛品が増え企業経営にマイナスの影響を及ぼしてしまいます。

　それまでの方針の制約を解消して、部分最適の人事評価基準から全体最適の人事評価基準へと人事評価制度を変更しなければ社員の行動は変わりません。

会社の目的は利益を最大化にすることです。それには部門ごとの競争やセクショナリズムを排除して、会社全体で利益の最大化に向けた行動を最優先にした"全体最適"の行動を評価する人事評価制度をつくらなければなりません。

　会社内部でそれぞれの部門が互いに協力することなく、部門ごとの権限や利害にこだわり、部門ごとの業績評価を最優先にした"部分最適"の行動を評価する人事評価制度では利益の最大化はあり得ません。

　全体最適の人事評価制度とは、利益を稼ぎ出す"希少リソース"が100％の成果を発揮できるようにするために、他の部門や人材などのリソースがどれだけバックアップしたか、それにより利益の最大化が実現できたかを評価基準とするものです。

◆エピソード６／売ることを邪魔されていた婦人服店

　あるところに婦人服店を10店舗運営する会社がありました。それぞれの店舗には店長と副店長、販売員が配属されています。本社には営業本部、販売促進部、購買部、経理部、人事部があります。お店を覗くと本社の営業本部からは毎日のように販売実績の報告と翌日の販売予想の報告書提出の催促があり、販売促進部からは見本のディスプレー画像が送られてきて何度もその通りに商品陳列されているかをチェックされ、購買部へは季節商品の販売動向データの報告を強要さ

れ、経理部からは売上金と経費の入出金の報告、人事部からはパートタイマーの労働時間の報告等々でとても商品をお客様に販売している暇などない状態です。その結果、すべての店舗で売上不振に悩んでいました。

会社の目的は利益を最大化することです。本来ならば本社のそれぞれの部門は店舗での利益を最大化させるためのバックアップをしなければなりません。それが販売の邪魔ばかりする本末転倒の行為を会社ぐるみで行なっていました。しかし、本社のそれぞれの部門の社員たちもけっして販売の邪魔をする気はありません。その行為が彼らの仕事であり、それをやらないと彼らの人事評価が下がってしまうので必死だったのです。

会社の利益を最大化するには、それぞれの店舗の売上高を増やし利益を上げることです。本社の各部門は店舗での売上アップの応援団にならなければなりません。会社全体でお店の販売員がお客様に商品を販売することに専念できるシステムにしなければ利益の最大化は見込めません。

そこで、その婦人服会社は全体最適の人事評価制度を導入しました。店長、副店長、販売員は店舗ごとの目標利益の達成度で評価する業績評価にしました。本社の各部門は、それまでの部門ごとの評価基準を改めて、全店舗の目標利益の達成度が評価基準となるようにしました。すなわち、「お店が儲からなければ自分たちの給料も上がらない」といった業績

評価にしました。また、行動評価では全社員統一のコアコンピテンシーとして「利益を最大化するために求められる優秀な行動基準」をつくり、業績評価、行動評価の二本立ての人事評価制度にしました。すると、それまであった部門ごとのセクショナリズムや利害関係がなくなり全社一丸となって利益の最大化に挑む強い会社に生まれ変わりました。

２．職能給から職務給、役割給へ多様な働き方に対応

○多様な働き方に対応した賃金体系

　職能給とは勤続年数が長くなるほど職務遂行能力が高まることを前提とした属人給であり日本の会社のほとんどが採用している賃金体系です。日本独特の年功序列や終身雇用の根幹となるものでした。職能給の決定は職能資格制度が基本となります。職能資格制度とは職務遂行能力に応じて社員をいくつかの等級に分類し賃金を管理する制度です。職能資格制度は長期的な人材育成、ゼネラリストの育成、人事異動や配置転換の柔軟性といったメリットがあり長期的な安定雇用に貢献し人材育成面で大きな成果を発揮してきました。日本伝統の職能給は年功序列や終身雇用を基盤とした正社員を対象にしたものでした。しかし、人手不足の深刻化、非正規社員が労働者の約４割となった労働環境では職能資格制度を従来通りの画一的な運用では維持することが難しくなってきました。

　職能資格制度では勤続年数が長くなるほど職務遂行能力が高くなることが前提となっているため一度上がった賃金は下がることはありません。勤続年数とともに賃金も上がるので、中高齢社員ほど相対的に賃金が上がり若年社員には十分な賃金が支払われないという矛盾が生じます。したがって、

43

病気のため長期休職から復帰した社員が、本人の体調が原因で休職前の責任度の重い仕事から責任のない軽微な仕事に配置転換をしたとしても賃金は下がらないといった賃金と能力のミスマッチが生じます。

　また、職務遂行能力には実際に顕在化している能力と潜在的な能力も含まれると解されています。そのため能力の定義が抽象的になってしまい曖昧な評価になりやすい傾向があります。

　正社員でも勤務地限定社員や職務限定社員などの限定社員制度を導入する会社が増える現状では、働く人のニーズに合わせた多種多様な働き方のオプションの設定が労働力不足対策に必要となっています。年功序列的な職能給ですと、中途採用者、育児等の理由で一度離職した女性にはキャリア形成で不利になります。

　職能給だけではこのような労働環境の変化に迅速かつ機能的な対応ができず組織が硬直化してしまう危険性があります。これからは職能給と職務内容や役割に応じた職務給、役割給のそれぞれの長所を活かしつつ、企業の実情に合った賃金体系を取り入れる必要があります。

○生産性を高める職務給

　職務給とは、職務内容の難易度、重要度などの職務の価値に応じて支払われる賃金体系です。職能給のような属人給

図表2　伝統的な職能資格制度

階層	資格等級	職位	資格要件
シニアマネージャー	6等級	部長	経営目標を達成できる能力がある
	5等級	次長	企画を立案する能力がある
マネージャー	4等級	課長	課の目標を達成する能力がある
	3等級	係長	部下を指導管理する能力がある
一般職	2等級	主任	難易度中の仕事ができる能力がある
	1等級	一般	難易度低の仕事ができる能力がある

でなく職務に対する賃金なので、職務内容と賃金が一致して合理的です。したがって、職務給は職務に対して賃金が設定されているので、同じ職務を担当するのであれば誰が担当しても同じ賃金が支払わられます。賃金を決める基準が明確なため、同一労働、同一賃金に対応可能となります。

　職務給では仕事が変わらない限り賃金は変わりません。職能給のように勤続年数が増えると能力が高まるといった考え方はないので昇給は原則ありません。こうした単純な単一レートではモチベーションの維持が困難であるといったデメリットが生じます。そこで、仕事数やグレードに応じて職務給の最高額と最低額を定めて弾力的な運用が可能なバンド制

職務給の採用が有効となります。

　バンド制職務給とは、たとえば清掃の職務であればベーシックな職務給は清掃の仕事に対するものですが、そこにスケジュール管理やクレーム対応といったグレードが高い職務が増えれば、増えた仕事数に応じて職務給がアップされる賃金制度です。これにより、習熟による生産性向上分を賃金に反映することができ成果主義の要素も加わります。

　職能資格制度を基礎とした職能給では職務遂行能力で評価された等級とそれに対応した職位があります。職位とは部長とか課長とかの役職のことです。職務給ではこの職位といった概念をなくします。そして、営業部長なら「営業部長」という職務内容が定められその仕事に対する賃金が設定されます。その営業部長が「総務部長」に配置転換されたら総務部長の職務に対する職務給が支払われます。また、部長職や課長職といった会社が期待する役割ごとの職務内容を設定したものを役割給ともいいます。

　労働力不足の経営環境のなか、能力給のように職務遂行能力を基準とした「人」を基準とした賃金体系から、「仕事」を基準とした職務給への移行こそが、女性や高齢者及びパートタイマー労働者が活躍できる職場環境が実現し生産性の向上に貢献します。

○職務給の導入手順

　職務分析………職務を分析して内容や必要知識等を把握

　職務記述書……分析した職務内容をまとめる

　職務評価………職務ごとの価値を評価し難易度を決める

　バンド制職務給………仕事（タスク）数やグレードに応じ
　　　　　　　　　　　た職務給

○清掃のバンド制職務給

　職務給Ⅰ……ベーシックな①床の掃き掃除、拭き掃除、②
　　　　　　　トイレ、洗面所、給湯室の清掃、③ゴミの回
　　　　　　　収の３つの仕事に対する賃金で200,000円で
　　　　　　　す。

　職務給Ⅱ……職務給Ⅰの仕事に④床面の清掃、ワックス塗
　　　　　　　布の仕事が追加されて220,000円となります。

　職務給Ⅲ……職務給Ⅱの仕事に⑤照明器具や換気扇の清
　　　　　　　掃、⑥高所の清掃の仕事が追加され260,000
　　　　　　　円となります。

　職務給Ⅳ……職務給Ⅲの仕事に⑦スケジュール管理、⑧ク
　　　　　　　レーム対応といった難易度が高い仕事が追加
　　　　　　　されて300,000円となります。

　バンド制職務給では、基本的な仕事の職務給をベースとして、グレードが高い仕事の増加数に応じて職務給がアップします。

職務給Ⅰ　200,000円
①床の掃き掃除、拭き掃除
②トイレ、洗面所、給湯室の清掃
③ゴミの回収

職務給Ⅱ　220,000円
①床の掃き掃除、拭き掃除
②トイレ、洗面所、給湯室の清掃
③ゴミの回収
④床面の洗浄、ワックスの塗布

職務給Ⅲ　260,000円
①床の掃き掃除、拭き掃除
②トイレ、洗面所、給湯室の清掃
③ゴミの回収
④床面の洗浄、ワックスの塗布
⑤照明器具や換気扇の清掃
⑥高所の清掃

職務給Ⅳ　300,000円
①床の掃き掃除、拭き掃除
②トイレ、洗面所、給湯室の清掃
③ゴミの回収
④床面の洗浄、ワックスの塗布
⑤照明器具や換気扇の清掃
⑥高所の清掃
⑦スケジュール管理
⑧クレーム対応

◆エピソード７／働かないオヤジ社員

　あるところにどこにでもありそうな会社がありました。そこには給料は高いけど働かないオヤジ社員がゴロゴロいました。その傍では若い社員が給料は安いけど額に汗して一生懸命に働いています。これは職能資格制度からなる職能給の一面です。確かに職能給は雇用の安定につながり、若い人達の育成・人生設計が立てられるなどのすばらしい点はあります。しかし、職能資格制度では勤続年数が長くなると能力も上がり、一度上がった能力は下がらないことが前提ですから職能給も下がりません。多くの会社ではこの状況を是正するために“役職定年制”を設けてオヤジ社員の給料の削減をしていますが、モチベーションをなくしたオヤジ社員はよけい

に働かなくなりました。

■　まとめ

　①全体最適の人事評価制度で会社は儲かる

　②企業の実情に合った賃金体系で組織の活性化

　③職能給と職務給・役割給でフレキブルな働き方に対応

３．伝統的な全部原価計算が生産性の最大の敵

○全部原価計算の罠

　原価計算において日本の企業会計原則では、人件費や経費などの固定費を製造原価に配賦する全部原価計算（フルコスティング）を採用しています。しかし、全部原価計算では正しい意思決定ができません。なぜなら、全部原価計算はで作れば作っただけ１個当たりの製造原価が下り、売れ残りの在庫が多ければ多いほど利益が増えるといった経理上の結果を生みだします。この伝統的な原価計算方法こそが生産性の最大の敵であり企業に誤った意思決定を引き起こす恐ろしい罠が潜んでいます。

⑴　売れなくても作れば儲かる原価計算

　　全部原価計算……伝統的な原価計算方法

　　（フルコスティング）

＜計算方法＞　労務費や製造経費を固定費から配賦する

　　　　　　　　　利益　＝　売上高－（材料費＋外注費＋労務費＋製造経費）

⑵　売れなければ儲からない原価計算

　　直接原価計算……生産性を高める原価計算方法

　　（ダイレクトコスティング）

＜計算方法＞　労務費や製造経費を固定費から配賦しない

材料費や外注費の外部調達費のみが変動費となる

利益　＝　売上高－変動費（材料費＋外注費）

○全部原価計算（フルコスティング）の問題点

　原価とは小売業なら商品の仕入値です。つまり1本60円で缶ジュースを仕入れて100円で売れば、60円が原価で100円が売価で40円が粗利益です。

　厄介なのは製造業や建設業の原価です。決算書を見ると製造業には製造原価報告書、建設業には工事原価報告書があります。そこには、材料費、労務費、外注費、製造経費が記載されています。会社の費用には売上高に比例して増減する変動費と売上高に関係なく一定にかかる費用の固定費に分類されます。材料費や外注費は売上高に比例して増減するので変動費と呼ばれます。問題なのは労務費と製造経費です。これらの費用は固変分解といって固定費の中から製造や工事に充てた費用を振り分けて原価に配賦したものです。それは、**"全部原価計算（フルコスティング）"** と呼ばれ国が定めた企業会計原則に則った伝統的な原価計算法です。しかし、この原価計算法では会社の本当の原価や利益を導き出すことはできません。なぜなら、製品1個あたりの粗利益とは売価から材料費や外注費といった真の変動費を差し引いたものだからです。

もし、労務費を製造原価に配賦したなら、残業が多くて労務費が高騰した時と暇な時では製造原価が変わってしまうことになります。本来、製品１個あたりの粗利益は売価や材料などの仕入値が変わらない限り変わらないはずです。小売業で店員さんが商品を陳列したからといって仕入値に労務費を上乗せしたものを原価としていません。

　生産性を高める利益マネジメントを行うには“**直接原価計算（ダイレクトコスティング）**”を用いなければなりません。直接原価計算とは全部原価計算で行われている固定費の固変分解をしない原価計算法です。会社の真の実力は直接原価計算にして初めてわかります。

○全部原価計算にすると売れなくても利益が出るカラクリ

　製造販売会社がありました。その会社で製造販売している製品の１個あたりの売値は3,000円で、材料費は1,000円です。固定費の20,000円の内、製造原価に10,000円を配賦しました。この製品の年間製造数量は20個、年間販売需要は10個です。この製品の期首の在庫はありませんでした。

　①売値　　　　　……3,000円／個
　②材料費　　　　……1,000円／個
　③固定費　　　　……20,000円／年
　④年間製造数量……20個
　⑤年間販売需要……10個

⑥期首在庫　　……0個

○全部原価計算（フルコスティング）で計算する

・全部原価計算では固定費を製造原価に配賦する

・固定費20,000円の内10,000円を製造原価に配賦する

＜20個製造、10個販売＞

売上高　　　30,000円……3,000円×10個　　　①

（製造原価）

期首在庫　　　　0

期中製造原価　30,000円……配賦された固定費10,000円＋　②

材料費20,000円

30,000円÷20個＝1,500円

（1個あたりの製造原価）

期末在庫　　　15,000円……在庫10個×1,500円　　　③

当期中製造原価　15,000円……期中製造原価30,000円－　④

期末在庫15,000円

売上総利益　　15,000円……売上高30,000円－　　　⑤

製造原価15,000円

固定費　　　　10,000円……

営業利益　　　5,000円……売上総利益15,000円－　　　⑥

固定費10,000円

①売上高は1個3,000円の製品を10個販売したので30,000円です。

②固定費20,000円の内、製造原価に10,000円を配賦し、1個あたり材料費が1,000円の製品を20個製造したので、期中製造原価は30,000円でした。

③20個製造して10個しか販売できなかったので、期末在庫は10個になります。1個当たりの製造原価が1,500円なので15,000円分の在庫が残りました。

④当期製造原価は期中製造原価30,000円から期末在庫15,000円を引いて15,000円となります。

⑤売上総利益は売上高30,000円から当期製造原価15,000円を引いて15,000円です。

⑥営業利益は売上総利益15,000円から固定費10,000円を引いて5,000円となりました。

○直接原価計算で計算する

・直接原価計算では固定費を配賦しない

・固定費20,000円の内10,000円を製造原価へ配賦しない

＜20個製造、10個販売＞

売上高	30,000円……3,000円×10個	①
（製造原価）		
期首在庫	0	
期中製造原価	20,000円……材料費20,000円	②

期末在庫	10,000円……在庫10個×1,000円	③
当期製造原価	10,000円……期中製造原価20,000円－	
	期末在庫10,000円	④
売上総利益	20,000円……売上高30,000円－	
	当期製造原価10,000円	⑤
固定費	20,000円……	
営業利益	0円……売上総利益20,000円－	
	固定費20,000円	⑥

①売上高は１個3,000円の製品を10個販売したので30,000円です。

②直接原価計算では固定費を配賦しませんから期中製造原価は材料費の20,000円だけです。

③期末在庫は10個です。１個あたりの製造原価は1,000円なので10,000円分の在庫が残りました。

④期製造原価は期中製造原価20,000円から期末在庫10,000円を引いて10,000円となります。

⑤売上総利益は売上高30,000円から当期製造原価10,000円を差し引いて20,000円です。

⑥営業利益は売上総利益20,000円から固定費20,000円を引いて０円となりました。

　全部原価計算で計算すると営業利益が5,000円でした。しかし、直接原価計算で計算したら営業利益は０円となってしまいました。なんと5,000円の利益がなくなってしまいました。

売上高、材料費、固定費、販売数量、在庫の数がすべて同じなのに、固定費を製造原価に配賦しただけで利益が出てしまいました。つまり、全部原価計算で計算した方が、たくさん利益が出てしまうのです。

○全部原価計算は生産性の最大の敵

製品は売れて初めて利益が出ます。売上高が増えない限り利益は絶対に増えません。しかし、全部原価計算では作れば作るほど、期末在庫が多ければ多いほど利益が出るようになってしまいます。

製品1個あたりの粗利益はその製品の売価から材料費を引いたものであり、いくら労務費や経費が増減しようが関係ありません。

直接原価計算では製造原価は材料費20,000円のみであったため、製品1個あたりの製造原価は1,000円（20,000円÷20個）でした。原価は製品1個あたり1,000円の材料費だけです。

全部原価計算では製造原価は材料費20,000円と配賦された固定費10,000円を上乗せしたため、製造原価は1,500円（30,000円÷20個）となりました。

当期製造原価は「当期製造原価＝期首在庫＋期中製造原価－期末在庫」の計算式で算出されます。

そのため、全部原価計算のように固定費を分解して労務費や製造経費といった名目で製造原価に配賦してしまうと、製

品1個あたりの製造原価が膨らみ、同じ期末在庫数でも直接原価計算よりも営業利益も増えてしまいます。そして、在庫が増えるということはキャッシュフローが悪化するということです。多くの企業が決算上では黒字になったにもかかわらず、資金繰りが厳しくなる「勘定合って銭足らず」の状態になる要因のひとつです。

　このように、全部原価計算では利益管理をすることはできません。本来、全部原価計算は「その製品を作るのにいくらかかったか？」を知るためのプライシングを目的としたものであり、「何個売ったらいくら儲かる！」といった戦略的な経営、生産性を高める経営には役立たないのです。

◆エピソード8／儲かっている印刷屋さん

　あるところに印刷屋さんがありました。皆様も経験があるかと思いますが印刷物はたくさん刷れば刷るほど1枚当たりの単価が安くなるといった見積りを見ます。それは全部原価計算で原価計算をしているため人件費も原価に入れてしまっているからです。そのため、枚数が少ないと単価が跳ね上がってしまいます。でも、直接原価計算で計算すると何枚刷ったところで原価の材料費は同じです。注文する方も必要以上の枚数はいりません。直接原価計算を知ったその印刷屋さんはそれから枚数の多少に関係なく値づけをするようになり、少量の注文のお客さんからの注文を増やしています。

○全部原価計算の呪縛

セミナーなどで直接原価計算の話をすると、たまに参加者から「製造業はそんなに簡単な原価計算ではありません」と言われます。日本の会計の主流は全部原価計算です。なぜなら税務署が認めた原価計算方法ですから。学校でも社会に出てからもずっと全部原価計算です。特に製造業の人、会計を得意と思っている人の頭の中は全部原価計算の呪縛でいっぱいです。何を言っても聞き入れようとしない人もいます。でも、これまでに解説したとおり、全部原価計算では生産性を高める経営はできないのです。

変動費は材料費と外注費であると解説してきましたが業種によっては異なる場合があります。たとえば運送業などは燃料費が変動費となることもあります。それぞれの業種によって売上の増減に対し一番変化する費用を変動費としますので個別に判断しても構いません。

製品ごとの粗利益を導き出し、それらを何個売ったら固定費以上の粗利益が獲得できるのかを、戦略的に意思決定することが生産性を向上させる経営の基本です。

◆エピソード9／銀行が教えてくれた全部原価計算

製麺屋さんから相談がありました。原価計算をしているのだが銀行から教わった方法だと売値より高くなってしまうとのことでした。その銀行はご丁寧に全部原価計算で教えてく

れていました。それもパートさんの時給を製造個数で割って一玉ごとの労務費を算出したりしてそれは細かいものでした。

　直接原価計算でその製麺屋さんの原価計算をしました。麺一玉を60円でラーメン屋さんに卸していました。原材料の小麦粉は麺一玉あたり５円かかります。麺一玉あたりの粗利は55円になります。その会社は月額220万円の固定費がかかっていますから４万玉売ればトントンですね。今現在、３万９千玉をラーメン屋さんに卸しています。あと、１千玉売ってトントンです。製麺屋さんの販売計画がより具体的になってきました。

■　まとめ
　①売れなくてもつくればつくるほど利益が出る全部原価計算は生産性の最大の敵
　②売れなければ利益が出ない直接原価計算で正しい経営判断を

4．良い顧客の発見方法

○良い顧客とは

　会社にとって「良い顧客」とは、たくさん稼がしてもらい、支払いも早い顧客です。その反対に「困った顧客」とはいつも値引き要請が厳しくそのうえ支払いも悪い顧客です。得てして困った顧客ほど不当な過剰サービスや過剰品質を要求してきます。こうした「困った顧客」への対応が長時間労働の要因となり生産性の敵となっています。顧客を選別するツールとして"利益回収速度"の ABC 分析を活用します。

　「良い顧客」は会社にとって「ご贔屓様」ですからこれからも末永く良い関係が続くようにしていかなければなりません。

　しかし「困った顧客」との今後の取引については検討が必要です。すなわち取引解消の意思決定も必要となります。お客様との取引解消や仕事を断るといった経営判断は辛いものがあります。しかし、それまでの「困った顧客」に費やした不毛な時間を「良い顧客」へのサービス向上や新規顧客獲得に向けた営業強化、社員教育などの時間に費やした方が会社の生産性向上に大いに貢献します。

○利益回収速度とは

　顧客ごとの年間粗利益総額を代金回収サイトで除した額で数値が大きいほうが「良い顧客」となります。

　計算式

　「利益回収速度」＝「年間粗利益総額」÷「代金回収サイト」

○分析手順

１．顧客ごとの「年間粗利益総額」を分析する

取引先	年間粗利益総額
甲社	1,000万円
乙社	800万円
丙社	700万円

　顧客ごとの年間粗利益総額を分析すると甲社、乙社、丙社の順で甲社が一番儲けさせてくれたようです。

２．顧客ごとの「代金回収サイト」を分析する

取引先	年間粗利益総額	回収サイト
甲社	1,000万円	4ヶ月
乙社	800万円	2ヶ月
丙社	700万円	1ヶ月

　顧客ごとの代金回収サイトを分析すると丙社のサイトが1ヶ月で一番短く、次に乙社、甲社の順で、甲社は入金まで4ヶ

月も掛かります。

3．顧客ごとの「利益回収速度」を分析する

取引先	年間粗利益総額	回収サイト	利益回収速度
丙社	700万円	1ヶ月	700万円／月
乙社	800万円	2ヶ月	400万円／月
甲社	1,000万円	4ヶ月	250万円／月

　顧客ごとの年間総粗利益額を代金回収サイトで除した利益回収速度を分析すると丙社が一番で乙社、甲社の順でした。

　年間粗利益総額でのABC分析では甲社が一番でしたが、利益回収速度で分析すると丙社が一番になりました。すなわち、会社にとって、丙社が利益貢献とキャッシュフローの両輪を支えてくれる一番「良い顧客」すなわち「ご贔屓様」であることになります。

　甲社は、利益貢献度は高いが支払いサイトが長いため会社の資金繰りを厳しくさせている要因の可能性があります。

　顧客の「利益回収速度」を分析して上位20％の顧客を把握し、差別化による囲い込みを行うことで会社経営の安定と生産性の向上が実現します。

○20対80の法則（パレートの法則）
　売上の80％を占めているのは、20％の製品、20％の顧客である。これは利益においても同じである。これを20対80の法

則（パレードの法則）といいます。これはビジネスだけでなく他の分野でも同じ現象が見られます。たとえば、人口の20％の人が80％の税金を納めている、20％のドライバーで80％の交通事故を起こすなど様々な分野で同様の結果が生じています。

　企業でも顧客や製品を分析すると、この20対80の法則が当てはまります。驚くことに、たった上位20％の顧客や製品が会社の利益の80％も貢献しているのです。

　上位の顧客を囲い込むこと、上位の製品を販売することにより経営の安定が図られるのです。儲かる商売の鉄則として、上位20％のお得意様に対し、一般のお客さんよりももっと贔屓しなければなりません。また、上位20％の儲かる製品の販売に全精力を注入しなければなりません。

○過剰サービス・過剰品質の見直し

　「お客様は神様です」三波春夫のこの言葉が日本の過剰サービスや過剰品質の元凶かもしれません。この言葉の真の意味は別にあるのですが、お金を払うお客様は神様だからどんな無理難題を売り手に押し付けても構わないといった間違った解釈に支配されてしまいました。俗にいうクレーマー誕生の温床となってしまったのです。

　宅配業者は即日宅配、時間指定サービスや再配達が労働力不足から対応が困難な状況になってきました。24時間営業の

ファミリーレストラン、年中無休のスーパーなど消費者の利便向上や販売競争の激化とともにサービスが過剰になり、消費者はその過剰なサービスに慣れてしまいました。ごく普通の消費者をあのクレーマーに仕立てたのはこの過剰サービスだったのです。

品質至上主義といえば聞こえがいいのですが、品質にこだわりすぎ、使いもしない機能を搭載したためコストアップして自らを苦しめているメーカーもいます。

品質基準も「そこまで要求するか」というほど厳しくなっています。その品質基準自体が顧客目線で検証されているのか疑問です。

過剰な品質基準が顧客目線の適正な品質基準に修正されれば、下請けサプライヤーの生産性も上り、収益も改善されます。

過剰サービスや過剰品質が長時間労働となり生産性を悪化させる原因となっています。

「お客様は神様です」の呪縛を解き、会社が対応可能なサービス基準、品質基準を設けその基準を超える要求には応じないといった姿勢が今まで以上に必要となってきました。

クレーマーとかモンスターといわれる人や会社ほど時間ばかり掛かり利益も出ない生産性の悪い相手です。これまでに不当なクレームで費やした無駄な時間やお金を良質な得意先や新規顧客獲得、研究開発のために振り分けることにより、

時間の削減と利益の最大化を実現し生産性を向上させます。

　お客様におもてなしをする。一生懸命にサービスをしてお客様に喜んで頂く。安い価格で良い品質の物を作る。これは日本の良い伝統であり、日本人のDNAであることは間違いありません。サービスや品質を落とせといっているのではありません。「お客様は神様です」の呪縛から解き放たれ、真の人と人との触れ合いや元請と下請の立場の差はあっても会社同士の信頼関係を築くことが生産性を向上させるには最も必要なことです。今では過剰サービスや過剰品質が、生産性を悪化させ企業経営を成り立たせなくする最も危険な原因となってきました。

■　まとめ

①顧客を「利益回収速度」でABC分析して、ご贔屓様を見つける

②20％のご贔屓様が80％の利益をもたらす

第4章

狭いターゲットに高く売れ

1. 利益感度による損益分岐点分析で戦略的
経営

○市場の制約とは

　生産性を高めるとは「時間当たりの利益」を上げることです。「物理的制約」の解消や「クリティカルテェーン」の活用でリードタイムを短縮します。「方針の制約」の解消で利益の最大化を拒む慣習や固定概念といった要因を取り除きます。しかし、自社の製品やサービスが売れない、販売価格が安くて売っても利益が出ないといった「市場の制約」を解消しなければ生産性は改善されません。

　市場の制約とは生産能力が市場の需要を上回る、すなわち供給過剰となった状態を指します。また、市場には充分な需要があってもその商品やサービスのプロダクトライフサイクルが衰退期にあり販売が停滞する状態も市場の制約となります。

66

　市場の制約は、リードタイムの短縮によるニーズへの対応や納期遵守率の向上による信用のアップ、値引きの見直しなどの価格戦略の変更、マーケティング戦略によるターゲット変更や製品のリブランドによる新市場の開拓、製造方法の見直しによる品質向上や新製品の開発などにより解消します。

　市場の制約は会社が取扱う商品やサービスが売れないこと、売っても利益が出ないことを指します。利益が出なければ生産性の向上どころの話ではありません。

　「売っても、売っても儲からない」、「安くしないと買ってもらえない」そんな声があちらこちらから聞こえてきます。デフレが長く続き、消費者のデフレマインドが解消されないため日用品などの価格競争は依然として厳しい状況です。

　しかし、生産性を高めるとは「時間当たりの利益」を上げることです。したがって利益が上がらないことには生産性は上がりません。製品の価格設定の見直しや値引きの是正といった価格戦略の変更により利益を増やして市場の制約を解消します。

○企業方程式とは

図表1

企業方程式 　　　PQ 　　　= 　　　VQ 　　　+ 　　　F 　　　+ 　　　G

　　　　　　　　（売上高）＝（変動費）＋（固定費）＋（利益）

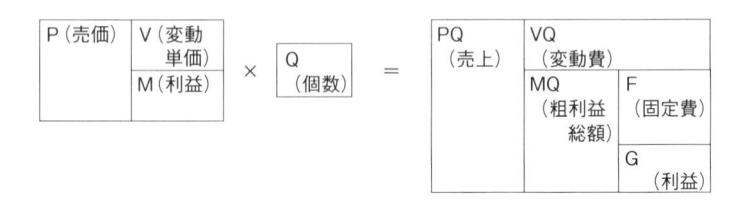

　企業法定式とはマネジメントゲームを開発した西順一郎氏によって提唱されたもので、P（売価）、V（変動単価）Q（数量）、F（固定費）G（利益）の5つの要素からなる損益の方程式です。売上高PQはP（売価）×Q（数量）であり変動費VQはV（変動単価）×Q（数量）となります。粗利益総額MQはM（粗利単価）×Q（数量）となり、企業経営の一番大切なことはこのMQ（粗利益総額）の最大化となります。企業方程式を知ることで利益を上げるツボが分かるようになります。

○利益感度分析とは

　利益感度分析とは、企業方程式の要素であるP（売価）、V（変動単価）Q（数量）、F（固定費）の4つの要素の変化がどれだけG（利益）に影響を与えるかを分析するもので

す。少ない変化でG（利益）に対する影響が大きい要素が利益感度が高いことになります。

　利益感度分析により、G（利益）を増やすにはP（売価）、V（変動単価）Q（数量）、F（固定費）の各要素をどれくらい変化させればよいかが把握でき、価格決定の重要な意思決定ツールになります。

○利益感度をマスターする

　まずは基本形をMQ会計表に書いてみる。

・1個30円で売っている……P 30円

・10個売った。　　　　……Q 10個

・仕入れ値は1個20円　……V 20円

・固定費は80円　　　　……F 80円

図表2

基本形

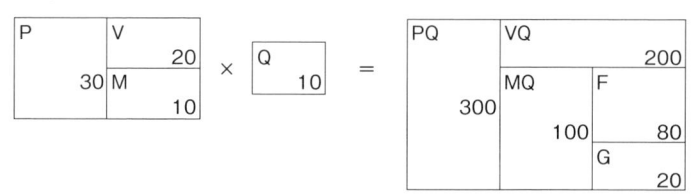

○利益感度分析

◆　G（利益）を80円にする４つのシミュレーション

①　P（売価）が30円から20％アップ＝36円

図表３

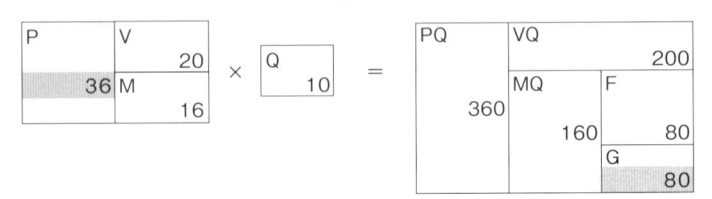

　P（売価）が20％アップして36円になったらG（利益）は80円なりました。

②　V（変動単価）が20円から30％ダウン＝14円

図表４

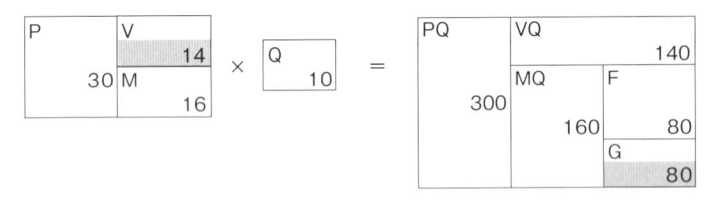

　V（変動単価）が30％ダウンして14円になったらG（利益）は80円なりました。

③　Q（数量）が10個から60％アップ＝16個

図表5

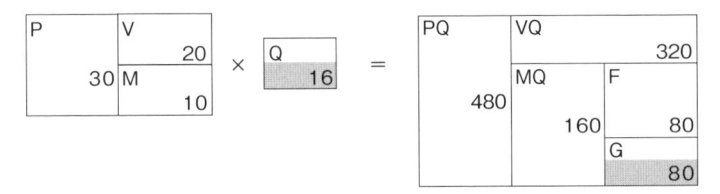

Q（数量）が60％アップして16個になったらG（利益）は80円なりました。

④　F（固定費）が80円から75％ダウン＝20円

図表6

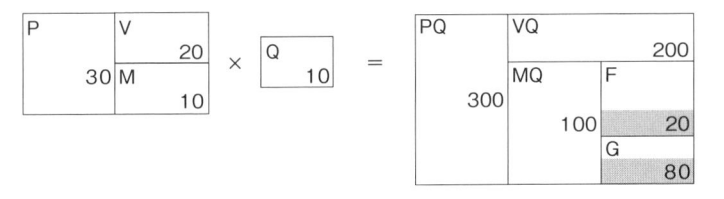

F（固定費）が75％ダウンして20円になったらG（利益）は80円なりました。

　P（売価）、V（変動単価）、Q（数量）、F（固定費）の4つの要素変化のシミュレーションをしましたが、どの要素の変化でもG（利益）80円となりました。ここで、注目したいのはそれぞれの要素の変化の大きさです。P（売価）は

20％アップ、V（変動単価）は30％ダウン、Q（数量）は60％アップ、F（固定費）は75％ダウンでした。

P（売価）が最も利益に対する感度が高く、一番小さな20％の変化で利益が80円になったことがわかります。F（固定費）が利益に対して最も感度が低く75％の変化で利益が80円になりまし。したがって、利益におよぼす感度が一番高いのがP（売価）になります。

利益感度は会社が扱っている商品やサービスの粗利益率によって利益感度の順番が違います。

利益感度が高い順は次のとおりです。

粗利益率が50％未満　　　P（売価）→V（変動単価）→Q（数量）→F（固定費）

粗利益率が50％超　　　　P（売価）→Q（数量）→V（変動単価）→F（固定費）

P（売価）、V（変動単価）、Q（数量）、F（固定費）の各要素によって利益感度は違います。したがって、単に「売上高が20％下がった」といっても、Pが20％ダウンしたのかQが20％ダウンしたのかでは利益感度で見てとれるように対策がまったく違ってきます。

◆　Ｐ（売価）20％ダウンを取り戻すＱ（数量）は？

図表7

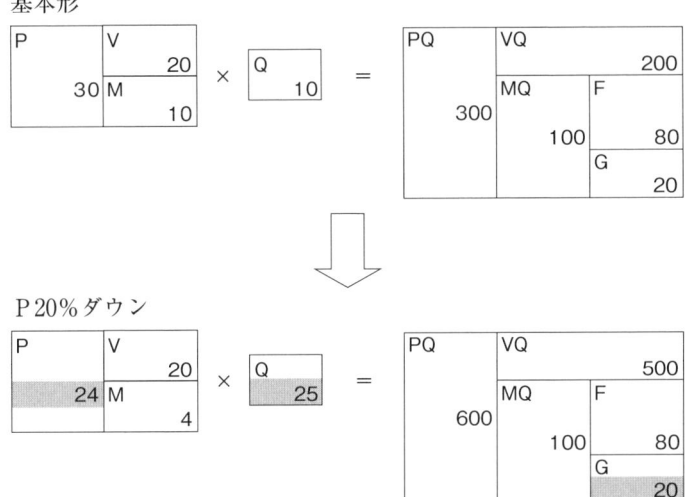

Ｐ（売価）が20％ダウンすると元どおりのＧ（利益）20円に戻すには25個のＱ（数量）が必要となります。なんと今までの2.5倍です。Ｐ（売価）が下がると利益に対する影響は大きいのです。取引先からの売価の値下げ交渉には慎重にいかなければなりません。

○**安売り型のビジネスモデルの終焉**

　安売り型のビジネスモデルは消費人口の増加と労働力の確保が前提となります。

いわゆる「薄利多売」ビジネスモデルは材料費や仕入値、人件費の削減によりコストを下げ、売値を下げてたくさん売る商売でした。消費人口が減少している経営環境では多売は見込めません。また、労働力不足のため人件費削減が難しいばかりか人手の確保が困難な状況です。これからは少ない人手で付加価値を高めた「厚利少売」ビジネスモデルへの転換が必要となります。

○固定費をかけることは決して悪くない

　会社では無駄のないスリムな経営体質を目指し、コンパクト経営に徹し会社の総資産の回転を高め、損益分岐点売上高を低くして利益が出やすい経営体質への改善が望ましいのです。よく、銀行からの経営指導で「もっと固定費の削減を！」といったことを耳にします。確かに無駄な固定費は会社にとって利益を圧迫するものです。しかし、利益感度分析で解説したとおり固定費は利益に対する影響力が一番低いのです。また、固定費は利益を生み出すための戦略費でもあります。言い換えれば、利益とは固定費をどれだけ戦略的に活用するかによって創出されるものです。ただ、やみくもに固定費ばかりを削減していると、まったく競争力のない会社になり競合相手に勝つどころか、顧客からも市場からも見放されてしまう危険性があります。必要なところに必要な金を掛けなければ利益は生み出せません。

　会社は無駄のないスリム経営に徹しながらも、現状の経営資源を自社の強みに集中投下させ、企業価値を高めることにより、競合他社との差別化を図ることでオンリーワン企業を目指す経営戦略がもっとも有効です。

◆エピソード10／固定費を削り過ぎた建設会社

　あるところに建設会社がありました。その会社は売上が大きく落込み赤字となってしまいました。そこで社長は人減らしを断行しました。今まで15人いた社員のうち5人を選び辞めてもらいました。するとその年は人件費削減の効果が出て売上は減少したものの利益は増加しました。いわゆる減収増益でした。しかし、次の年は売上も利益も減少する減収減益となってしまいました。一計を案じた社長はまた社員5人を削減しました。その年は、人件費削減が功を奏して売上は落ちたものの利益が増加しました。減収増益でした。しかし、その次の年はまた減収減益になってしまいました。社員という利益を生み出すのに一番大切な経営資源が5人しかいなくなってしまったこの建設会社は、以前には請負うことができた規模の仕事が戦力不足によって受注できなくなっていました。また、営業社員もみんなクビにしてしまったので売上は先細るばかりでした。残った社員も一人減り二人減りして、最後に残ったのは社長と莫大な借金だけでした。

○「率」ではない！大切なのは「額」である

　よく会社の社長さんから、「経理担当者から利益率が低いからその商談は中止してくださいと言われるのだが……」といった相談を受けます。経理マンというのは本当に"率"が好きな人種です。儲けるためにはどれだけMQ（粗利益総額）の"額"を最大にするかがポイントです。ですから、率ではなくどれだけ固定費以上の粗利益総額を増やすかが経営戦略の基本なのです。売上高営業利益率、売上高経常利益率など多くの対売上高比率がありますが、会社経営にとって最も重要な数値は粗利益総額であり売上高ではありません。こうした売上高に対する比率の指標は、過去の実績と比較してのトレンド分析や同業他社との比較、目標計画との比較をするには参考になりますが、生産性を上げるには役に立ちません。

■まとめ
　①利益に一番影響を与えるのはP（売価）だ。値引きは慎重に！
　②経営は「率」ではない。経営で大切なのは「額」だ

２．利益速度で製造の優先順位を決める

　製造販売会社ではどの製品を優先的に製造して販売したら利益が最大化になるかの意思決定が重要となります。会社の全体最適のパフォーマンスは制約条件に依存します。したがって、制約条件での時間当たりの利益を算出し製造の優先順位を決めます。

○利益速度で利益の最大化

問題

　おもちゃ屋さんがあります。そこの工場ではＡ製品とＢ製品を製造販売しています。どちらを優先して製造販売した方がこのおもちゃ屋さんは儲かるのでしょうか。

図表8

◇条件１：Ａ製品とＢ製品の価格

Ａ製品

売値	原価
100	45
	粗利益 55

Ｂ製品

売値	原価
95	50
	粗利益 45

　Ａ製品とＢ製品の売値と原価と粗利益です。粗利益はＡ製品が55円、Ｂ製品は45円でＡ製品の方が高いです。

図表9

◇条件2：A製品とB製品の製造工程

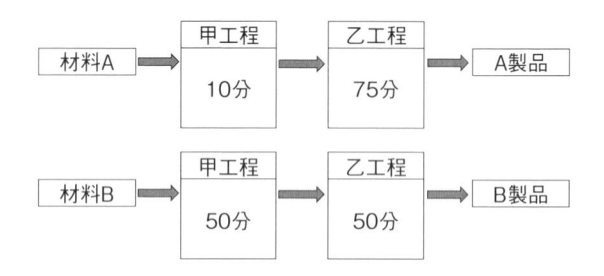

・工場の月間稼働時間は9,600分である。（8時間×20日）

・甲、乙工程ともに9,600分の稼働が可能である。

・固定費は月額7,400円である。

・需要量はA製品、B製品ともに120個である。

答え

　B製品を優先して製造販売した方が儲かる

○利益速度とは

　利益速度は制約条件が時間当たりどれくらいの利益を生み出しているかを算出し、製品製造の優先順位の意思決定のツールとします。

○利益速度の求め方

　①制約条件のみを見る……乙工程が制約条件

　②利益速度＝粗利益÷時間（制約条件の所要時間）

　　　　A製品：粗利益55円÷75分＝0.73円／分

　B製品：粗利益45円÷50分＝0.90円／分

> A製品0.73円／分　＜　B製品0.90円／分
> B製品の方が利益速度が速いからB製品を優先する

○制約条件の利益速度が速い製品から製造する

　A製品は粗利益が55円で制約条件工程の乙工程では75分必要ですから利益速度は0・73円／分、B製品の粗利益は45円で制約条件工程の乙工程では50分必要なので利益速度は0.90円／分となり、B製品の方が利益速度で勝っていますのでB製品を優先して製造します。

　製品1個当たりの粗利益のみで判断した意思決定でなく、利益速度の速さで意思決定が生産性の向上に役立ちます。

○利益速度の求め方

図表10　制約条件をみつける

フル生産＝A製品、B製品ともに120個生産はムリ

	甲工程	乙工程
A製品 （120個）	10分×120個 　　　1,200分	75分×120個 　　　9,000分
B製品 （120個）	50分×120個 　　　6,000分	50分×120個 　　　6,000分
合計	7,200分＜9,600分 　　　　　　OK	15,000分＞9,600分 　　　　　　ダメ **制約条件**

A製品、B製品ともにフル生産した場合、甲工程では7,200分の所要時間で月間稼働時間の9,600分より短く生産可能ですが、乙工程では15,000分必要となるため、フル生産は不可能です。

　甲工程はA製品、B製品の両方をフル生産しても月間稼働時間内で収まりますが、乙工程ではそれをオーバーしてしまいました。乙工程に制約があることがわかりました。したがって**乙工程が制約条件**となります。

図表11

粗利益が大きいA製品を優先的に製造すると

	甲工程	乙工程
A製品 （120個）	10分×120個 1,200分	75分×120個 9,000分
B製品 （12個）	50分×12個 600分	50分×12個 600分
合計	1,800分＜9,600分 OK	9,600分＝9,600分 OK

　粗利益が大きいA製品を優先的に製造した。制約条件の乙工程ではA製品を優先的に120個製造しその残りの時間でB製品を製造しました。乙工程で残った時間が600分なのでB製品を12個製造しました。

図表12

A製品優先の時の利益

	粗利益（M）	個数（Q）	粗利益総額（MQ）
A製品	55円	120個	6,600円
B製品	45円	12個	540円
合計			7,140円
固定費（F）			7,400円
利益			△260円

　A製品を優先的に製造したところ△260円の赤字になりました。

図表13

B製品を優先的に製造すると

	甲工程	乙工程
A製品 （48個）	10分×48個 480分	75分×48個 3,600分
B製品 （120個）	50分×120個 6,000分	50分×120個 6,000分
合計	6,480分＜9,600分 OK	9,600分＝9,600分 OK

　B製品を優先的に製造すると制約条件の乙工程で6,000分必要です。その残りの時間3,600分をA製品製造に充てたので

A製品は48個作られました。

図表14

B製品優先の時の利益

	粗利益（M）	個数（Q）	粗利益総額（MQ）
A製品	55円	48個	2,640円
B製品	45円	120個	5,400円
合計			8,040円
固定費（F）			7,400円
利益			640円

　B製品を優先的に製造したら640円の利益が出ました。

◆エピソード11／マルチ機械の恐怖

　あるところに製造会社がありました。その会社の社長は3,000万円もするマルチ機械を購入しました。そのマルチ機械はなんと6種類の製品をつくることができるというスーパーマルチ機械でした。しかし残念なことに、どの製品をつくるにも必ずそのマルチ機械を通さなければなりません。そのため、ある製品をつくる日は他の製品をつくることができなくなり生産能力が落ちてしまいました。

■　まとめ

①利益速度

　制約条件での時間当たりの利益が大きい製品を優先的に製造する

　　利益速度＝粗利益　÷　制約条件の所要時間

3. 狭いターゲットに会社の価値を高く売る マーケティング

売価が最も利益に対する感度が良いので、売価の値下げは生産性を悪化させる最大の要因となります。しかし、単に値上げしただけなら客離れを起こして売上は伸びません。どうすれば売価を上げられるのでしょうか？

それには「狭いターゲットに会社の価値を高く売る」マーケティング戦略が有効です。

価格競争から脱却し、「時間当たりの利益」を上げて生産性を高めるには、会社の価値を高く売るためのマーケティング戦略が必要です。会社の価値（強み）を把握してその価値が高く売れるマーケットを選定します。

「会社の価値を、どこに、どうやって、高く売るか」を把握することが生産性を高めるマーケティング戦略の基本です。

マーケティング理論とは、どうすれば自社の商品やサービスが売れるのかといった売り手側の理論であり理屈です。しかし、それは買い手からするとどうでもいいことなのです。買い手からすると欲しくなったからその商品を買うのであり、なにかに困ったり、必要だからそのサービスを頼むのです。

売り手がどんなに良い商品と思っていても、売れなければそれは悪い商品です。商売は、その商品を欲しがっている人

のところへ売りに行けば儲けになりますし、なにかに困っている人のお手伝いをすればお金になります。

　ですから、自社の商品やサービスの価値をよく知って、その価値を誰に売れば一番喜んでもらえて、高く売れるかを探せばよいわけです。お客さんを絞り込んで「狭いターゲットに会社の価値を高く売る」マーケティング戦略こそが市場の制約を解消して利益を最大化させます。また、自社の価値を上げていくことも大切です。それには自社の価値がわからない人には売らないこと、断ることも必要です。自社の価値をわからない人に無理に買ってもらう必要はありません。せっかくの価値が下がってしまいます。

　「狭いターゲットに会社の価値を高く売る」といったマーケティング戦略で利益を最大化して生産性を向上させます。

○ SWOT 分析とは

　「敵を知りて、己を知らば百戦危うからず」有名な孫子の兵法のことばです。

　SWOT 分析で会社を取り巻く外部環境（機会と脅威）と自社の内部環境（強みと弱み）を知ることで、会社に影響を与えそうな外的要因に対する対応や、自社の内的要因を把握したうえでの経営の方向性を決めます。生産性を向上させるには必要不可欠なことです。

　SWOT 分析で内部分析では自社の"強み"すなわち"価

値"を見つけてそれを強化していくことが重要です。会社は、自社の"強み"、"価値"に経営資源を集約し、その強みを最大限に活躍できる市場に集中投下して最大の利益を生み出すことが最も重要な経営戦略となります。

　強みと弱みは表裏一体です。会社の規模が小さいことを弱みとして捉えるか、規模が小さいことによる、意思決定の迅速さを強みとして捉えるのかで戦略は変わってきます。

　もちろん、弱みの克服も大切ですが、まずは、自社の強みとそれを最大限に活躍できる市場や機会（チャンス）に的を絞った経営戦略こそが、市場の制約を解消して生産性を高めます。

＜SWOT 分析＞

外部要因

　機会……会社にとってチャンスの社会環境

　脅威……会社にとってピンチの社会環境

内部要因

　強み……会社の価値　得意とするもの

　弱み……会社の弱点　不得意とするもの

図表15

		外部要因	
		機会	脅威
内部要因	強み	最大のチャンス 経営資源を集中投下	強みによる脅威回避の 差別化
	弱み	弱みによるチャンスロ スを防ぐ	最大のピンチ 撤退する

○大切なのは顧客を絞り込むこと

　自社の価値（強み）を知ったらその価値を誰に売るかを決めなければなりません。すなわち、自社の価値を高く評価してくれる顧客の層はどんな人たちなのかを選定します。

　"セグメンテーション"とは、市場をグループ分けして自社にとって最も価値を評価してくれる魅力的なセグメント（グループ）を探し出すことです。

　セグメンテーションの結果、自社の強みが最も有利に活用できる対象を絞り込みます。すなわち、自社の強みを価値として評価してくれる顧客の絞り込みです。これを"ターゲティング"といいます。

　顧客の絞り込みとは、自社の強みを価値として評価しない顧客を捨てるということです。すべての人から支持を得ようとすると、すべての人からの支持を得られなくなります。

　ターゲティングでは、自社の価値が充分に活躍できる顧客

にターゲットを絞り込み、そこにすべての経営資源を投下し最大限の利益を生み出します。

ターゲットは広くなればなるほど競合が増えて価格競争になります。また、経営資源も分散されてしまいます。ターゲットを狭くして、そこに自社の価値を高く売ることが「時間当たりの利益」を最大化させる秘訣です。

自社の価値が競合との相対的な関係でどの領域にあるのかを検討し、自社の優位性が得られるポジションを明確にすることを"ポジショニング"といいます。

自社の価値、強み、商品の特性、顧客ニーズなどを考慮してポジショニングマップをつくります。市場においての自社の商品やサービスの価値の位置づけを明確にし、競合他社との差別化を図ります。ポジショニングマップにより、市場における自社のポジションが明確になったら、そのポジションでどう戦うかを検討します。製品、価格、プロモーション、販売チャネルといったマーケティングの４Ｐを駆使して、ターゲットの特性に合わせた販売戦略を策定します。強い競合相手がひしめく市場へ殴りこんでいっても勝ち目はありません。強い競合相手が進出していない市場、競合相手が弱そうな市場、競争がない市場に土俵を変えれば勝つチャンスが増します。競争相手が手を出さない市場、手が届かない市場、いわゆるスキマ市場にチャンスの芽があります。

◆エピソード12／欲張りすぎたお寿司屋さん

あるところにお寿司屋さんがありました。"プロの寿司屋さんが握る回転すし屋"がキャッチフレーズのお寿司屋さんでした。プロの職人さんが上質のネタを握っているので、一番安いネタでも一皿300円しました。でも、このお寿司屋さんはすぐに閉店してしまいました。

なぜでしょうか？会社の接待とか商談、気取ったデートなどでは回転すし屋は利用しません。また、子供を連れて家族で行くには一皿300円は高いです。このお寿司屋さんはどちらのセグメントからも支持されなかったのです。

○狭いターゲットに会社の価値を高く売るマーケティング活用例

①競合にない商品、サービスの提供

ブライダルといえばジミ婚、ハデ婚を問わず新郎新婦が主役ですが、招かれたゲスト一人ひとりが主人公となるアットホームな少人数制結婚式が、結婚式を挙げられなかった熟年カップルや再婚同士のカップルのウォンツをつかんで成功している小さなシティーホテル。

②既存商品の用途変更

同じ品質で同じ容量のカツオ節ですが、スーパーマーケットに販売するより、パッケージを猫のプリントにしてペットショップに販売したほうが高く売れるカツオ節屋さん。これ

などは今の時代、人間様よりペットの方が大切にされる風潮が物語っています。

　また、有名なところではお酢です。それまでの調味料としてのお酢から健康食品としてのお酢へと用途変更したことにより、ターゲットやポジションが変更され調味料用と比べ高価格帯となりました。

③既存商品の売り方変更

　少子化の時代、制服のデザインが可愛いかどうかも志望校選びのポイントになるそうです。制服を販売するだけではなく、その前段階である受験生へのプレゼンテーションから採寸まで制服に関して学校の先生が面倒なことはすべて請負って業績を伸ばしている制服会社。

　商品の販売管理、在庫管理を行うことにより、取引先の売上アップに貢献している食品運送会社。商品を運搬するというニーズ以上の仕事をしています。取引先もこの運送屋さんを手離すことができません。

④ターゲットの変更

　男性団体客から少人数女性客へとターゲット変更した旅館。客室も女性向けに改装し、お洒落な浴衣も自由に選べます。なによりもお料理とお酒に対するコンセプトが違います。それまでのお酒がおいしくなる料理から、料理がおいしくなるお酒へとコンセプトを変更しました。

◆エピソード13／小学生は商売上手

　中小企業の社長さん達に頼まれて、夏休みに小中学生向けの経営セミナーを開催しています。ある時、子供たちにこんな質問をしました。

　「皆さんはジュース屋さんです。ジュース1本100円で売っています。仕入値は70円です。隣のジュース屋さんも、むかえのジュース屋さんも同じジュースを売っています。たくさん儲けるためには皆さんならどうしますか？」

見学に来ていた大人の答え

　「よその店より安く売る！」がほとんど。

子供の答え

　「冷たく冷やして海水浴場に売りに行く。あそこなら1本200円で売れるかもしれない」

子供の勝ちですね。

■　まとめ

　①SWOT分析で会社の価値（強み）を把握する

　②会社の価値（強み）を一番高く売ることができるターゲットを探す

　③ターゲットを絞り込む

　「狭いターゲットに会社の価値を高く売る！」

第5章

働かないオヤジ社員と
困ったパートさん

▶ 1. 働き方に合わせた変形労働時間制

　法定労働時間は原則として１週間は40時間以内、１日は８時間以内と定められています。しかし、会社の業種によっては繁忙期と閑散期の波があり法定労働時間以内に所定労働時間を定めることができないことがあります。このような場合通常の土日休みの週休２日制を採用していると土曜日の勤務が休日出勤扱いとなり残業手当（時間外労働割増賃金）の支払いが必要となり会社のコストアップにつながり生産性が低下してしまいます。そこで、労働基準法では「変形労働時間制」といって定められた期間内において所定労働時間を平均して週40時間を超えなければ１週40時間を超える週または１日８時間を超える日があっても時間外労働とならない弾力的な制度が認められています。こうした制度を活用することで時間外労働による残業手当を減らし生産性を向上させます。

　会社にとって導入がしやすい1ケ月単位の変形労働時間制、1年単位の変形労働時間制、フレックスタイム制について解説します。

○1ケ月単位の変形労働時間制

　1ケ月を平均して週40時間以内であれば、1日に8時間を超える日または1週に40時間を超える週があっても時間外労働にならない制度です。

　業務の都合で月末最後の1週間が忙しくなるなど、あらかじめ忙しい時期が把握できる場合などは活用できます。

　小売業など年中無休で休日数が多く取れない業種では、1日の労働時間を短くした交代制勤務で稼働日を増やすことができ活用しています。また、月末の経理処理など忙しい時期が一定している業務などでも活用されています。

　1ケ月単位の変形労働時間制は就業規則で定めて労働基準監督署へ届出るとともに、労使協定を労働基準監督署へ届出ることにより導入します。

◆　**就業規則記載例**

（労働時間及び休憩時間）

第○条　1週間の所定労働時間は、毎月1日を起算日とした
　　　　1ケ月単位の変形労働時間制によるものとし、1ケ月
　　　　を平均して1週間当たり40時間以内とする。

2　1日の所定労働時間は、7時間30分とする。ただし毎月第3週の5労働日は9時間とする。

3　始業・終業の時刻はおよび休憩時間は下記のとおりとする。

	始業時刻	終業時刻	休憩時間
第3週の5労働日	9時00分	19時00分	12時00分から13時00分
上記以外の労働日	9時00分	17時30分	12時00分から13時00分

◆エピソード14／給料計算センターの導入例

　あるところに給料計算センターがありました。名前の通りこの会社の仕事は企業からの依頼による給料計算の代行業務です。給料計算には毎月15日、20日といった締め日がありそのあとの決まった日に仕事が集中してしまいます。そこで会社は仕事が集中する特定の日を選定してその日の所定労働時間を9時間とし、それ以外の日を7時間30分とする1ケ月単位の変形労働時間制を導入しました。それにより、残業が大幅に削減され時間の効率化がすすみました。

○1年単位の変形労働時間制

　1ケ月を超え1年以内の一定の期間について、平均して週40時間以内であれば、1日に8時間を超える日または1週に

40時間を超える週があっても時間外労働にならない制度です。

　季節変動が大きい業種で業務に繁閑のある場合に、繁忙期には長い労働時間を、閑散期には短い労働時間を設定することにより、効率的に労働時間を配分して業務量と労働時間のミスマッチをなくすことで、時間外労働時間の削減に活用できる制度です。

　土曜日に出勤しないと業務が滞ってしまう建設業や運送業、季節によって繁忙期と閑散期が決まっている土産物店や旅館などでは効果的に活用されます。

　1年単位の変形労働時間制は就業規則を定めかつ労使協定を締結して労働基準監督署に届出ることにより導入することができます。

◆　就業規則記載例

（労働時間及び休憩時間）

第○条　1週間の所定労働時間は、1年単位の変形労働時間
　　　　制によるものとし、1年を平均して1週間当たり40時
　　　　間以内とする。

　2　1日の所定労働時間は、8時間00分とする。

　3　始業・終業の時刻はおよび休憩時間は下記のとおり
　　　とする。

始業時刻	終業時刻	休憩時間
午前 9時00分	午後 18時00分	午前　　時　　分より 午前　　時　　分までの間に 　　分間
		午後12時00分より午後13時00分までの間に60分間
		午後　　時　　分より 午後　　時　　分までの間に 　　分間

（休　日）

第〇条　休日は１年単位の変形労働時間制に関する労使協定
　　　　で定められた年間カレンダー表のとおりとする。

◆エピソード15／土木会社の導入例

　あるところに土木会社がありました。その会社の主な仕事は県や市から発注される公共工事です。そのため、毎年４月から８月頃までは公共工事の発注が少ないため暇です。しかし、公共工事の発注が多くなる11月頃から３月の年度末にかけては休む暇もないくらい忙しいのです。そこで、この会社は４月から８月までの暇な時期は休日を多くし、11月から３月までの忙しい時期は休日を少なくする１年単位の変形労働時間制を導入して休日出勤を減らしました。

○フレックスタイム制

　1ヶ月以内（清算期間を3ヶ月以内とする労働基準法改正が予定されています）の一定期間（清算期間）の総労働時間を定めておき、労働者はその範囲で各労働日の労働時間を自分で決め生活と仕事のバランスを図りながら効率的に働くことができる制度です。

　一般的に1日の労働時間帯で必ず出勤しなければならない時間帯（コアタイム）と自由に出社または退社ができる時間帯（フレキシブルタイム）とに分けます。

　フレックスタイム制では、あらかじめ1ヶ月間以内の清算期間の総労働時間を決めておき、それを超えた労働時間は時間外労働となります。

　研究開発や設計などの業務に従事する社員や自宅での子育てや介護が必要な社員などは、本人の裁量による効率が良い働き方が可能となります。

　フレックスタイム制は就業規則の定めかつ労使協定の締結により導入することができます。

図表1

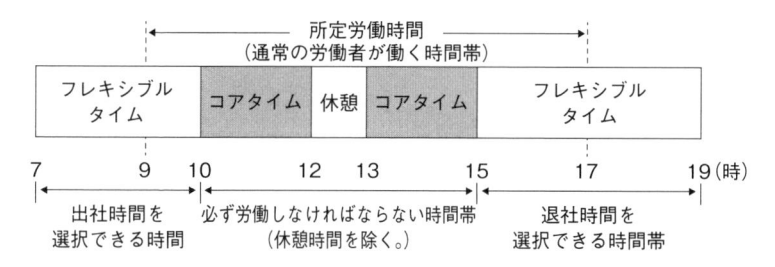

97

（労働時間及び休憩時間）

第○条　第○条の規定にかかわらず研究開発部に所属する従業員はフレックスタイム制を適用する。

　2　フレックスタイム制が適用される従業員の始業及び終業時刻は従業員の自主決定に委ねるものとする。ただし、従業員が自主的決定に委ねる始業及び終業時刻の時間帯は以下のとおりとする。

　　始業時刻：午前7時から午前10時まで

　　終業時刻：午後3時から午後7時まで

　3　午前10時から午後3時までの間（午前12時から午後1時までの休憩時間は除く）は出社して所定の労働に従事しなければならない。

（清算期間と総労働時間及び標準労働時間）

第○条　清算期間は1ケ月間とし、毎月1日を起算日とする。

　2　清算期間中の労働すべき総労働時間は160時間とする。

　3　標準となる1日の労働時間は7時間とする。

◆エピソード16／建設会社の導入例

　あるところに建設会社がありました。設計部がありそこには育児をしながら働いている1級建築士が3人いました。保育園の送り迎えなどがあるので決められた就業時間どおりに

仕事をすることが難しい状態でした。そこで会社は設計部を対象としたフレックスタイム制を導入しました。設計部の社員は10時から15時までを必ず出社して仕事をするコアタイムと自由に出社と退社が出来るフレキシブルタイムを設けて、会社と家庭の両立が可能となりました。

■　まとめ

①会社の働き方に合わせた変形労働時間制で残業を減らす

2. 時間外労働命令制度のススメ

○時間外労働命令制度とは

　長時間労働を是正するには残業時間の管理方法の見直しが必要です。残業時間の管理がルーズで社員に任せっきりにしていると残業時間が青天井となり、知らないうちに増えてしまう危険性があります。また、これまでのように事後の届出ですと、会社が把握しきれないため社員の都合や自主的判断による残業もあり時間外労働削減の妨げとなっています。その逆に、業務の必要性があり正当な残業の届出であっても所属長が不当に認めないケースがあり労務トラブルの一因となっています。

　「時間外労働命令制度」は、こうした残業管理の問題点を解決させる制度です。

○「時間外労働命令制度」が必要な３つの理由

　①労働時間とは労働者の行為が使用者の指揮命令下に置かれた時間をいいます。したがって時間外労働も使用者の指揮命令下に置かれた時間、すなわち会社の業務命令権下の時間です。労働者が自分の裁量で自由に残業はできないのです。

　②会社には多くの機密書類やデータなどが保管されています。したがって就業時間以外は会社施設をロックアウトする

ことがセキュリティーを確保するために最も重要なことです。残業の業務命令を受けた社員にのみ例外的にロックアウトの解除を許されます。

　③会社からの業務命令を受けず無断で残業をして労災事故が発生した時に、救急の対応ができない恐れがあります。また、労災事故の現認者が不在の場合などは、申請があったケガが業務中のケガか否かの確認が不明となってしまいます。

○「時間外労働命令制度」の具体的な運用方法

　①所属長が「時間外労働命令書」で業務内容と○時から○時までの○時間といった残業時間を命令します。

　②従業員の希望時間を確認し必要であれば修正のうえ発令します。

　③従業員は残業命令を承諾した旨の確認印を「時間外労働命令書」に押印します。

　④翌日、所属長と従業員はタイムカード等により残業時間を確定し「時間外労働命令書」にそれぞれ確認印を押印します。

（ヒロセ電機事件　東京地裁平成25年5月22日労働判例1095号63頁）

（時間外勤務）

第○条　会社は、業務の都合により所定労働時間外に勤務を命ずることがある。

2　前項の時間外勤務は、所轄労働基準監督署長に届け出た時間外勤務協定の範囲内とし、別に定める賃金規程により割増賃金を支払うものとする。ただし、災害その他避けられない事由によって臨時に必要がある場合は、所轄労働基準監督署長の許可を受け、または事後届出により時間外勤務をさせることがある。

3　満18歳未満の者に対しては、前項ただし書きを除き、実働1日8時間を超えて労働させないものとする。

4　時間外労働は所属長から「時間外労働命令書」で命令された場合に行うことができる。尚、会社の時間外労働の命令なく業務を実施した場合は、当該時間については割増賃金を含めて賃金を支給しない。

5　会社は午後○時から午前○時までをロックアウトとし、その時間帯の社員の会社施設内の在社は原則として認めない。

◆エピソード17／雑貨屋さんの時間外労働命令制度

　あるところに雑貨屋さんがありました。それまで、この雑貨屋さんの社長は残業手当が多いことに悩んでいました。社

員の様子を見ると仕事が終わっても同僚と話し込んでいる者、当たり前のように毎日2時間の残業をする者、出勤日でもないのに勝手に出勤してタイムカードを押している者等々、残業の管理がめちゃくちゃでした。そこで社長は時間外労働命令制度を設けて残業を原則禁止としました。時間外労働命令制度とは、どうしても残業が必要な場合は会社が社員に業務内容と残業時間を命じ、社員の承諾を確認後に実施する制度です。社員は命じられた時間以上の残業はたとえ業務のやり残しがあっても行うことは禁止されています。こうして、残業時間とタイムカードとの乖離によるトラブルを防ぐとともに残業手当の大幅な削減が実現しました。

■　まとめ
①「時間外労働命令制度」で残業時間乖離の労務トラブルを
　回避する

 ## 3．パートタイマーが活躍しやすい職場

　平成26年の内閣府男女共同参画局統計によると、女性の就業希望者が希望する就業形態の72.6％は「非正規労働者」となっています。また、求職していない理由別では「出産・育児のため」の34.6％に続いて「適当な仕事がありそうにない」が30.1％になっており、その内訳をみると「勤務時間・賃金など希望に合う仕事がありそうにない」が14.7％と過半数を占めています。

　労働力不足を解消するには女性の就業希望者の「勤務時間」と「賃金」のミスマッチを解消し、パートタイマーの働きやすい労働環境の整備が不可欠です。

　女性の就業希望者のミスマッチをなくすには、働きやすいフレキシブルな勤務体制と職務内容の価値に応じた職務給制度の導入が必要です。

○「勤務時間」のミスマッチを解消するフレキシブルな勤務
　体制

　フレキシブルな勤務体制とは、複数のパートタイマーで1日の業務を担当時間ごとに、あるいは、1週間の業務を担当曜日ごとにシフトする勤務体制をいいます。

　要するに通常1人当たりの仕事を複数のパートタイマーで

シェアする勤務体制です。フルタイムは無理だけど3時間ぐらいなら働ける人、毎日は無理だけど週に2日なら働ける人などの就業希望者の時間的制約をなくすことで「勤務時間」のミスマッチを解消します。

○「賃金」のミスマッチをなくす職務の価値に応じた職務給とは

パートタイマーには、職務の価値に応じて支払われる「職務給」を導入します。

職務の価値基準とは「時間当たりの利益」の最大化といった生産性を上げることに貢献しているか否かです。

正社員が生産性の高い業務を達成するには、パートタイマーの活躍が不可欠です。なぜなら、正社員が会社のコア業務に専念でき最高のパフォーマンスを上げるにはパートタイマーが担うアシスタント業務やルーティン業務によるバックアップが重要だからです。パートタイマーの活躍により、正社員のリードタイムが短縮され生産性が上がれば、パートタイマーが行っているアシスタント業務やルーティン業務は「時間当たりの利益」の最大化に貢献したことになります。これまでは、アシスタント業務やルーティン業務などは一般的に評価が低いものでしたが、それらを改め、「時間当たりの利益の最大化」にどれだけ貢献したかを価値基準とした「職務給」の導入こそが全体最適となり生産性の向上に貢献

します。

　また、パートタイマーが保有している「専門性」を活躍させることも「時間当たりの利益」の最大化に貢献します。これまでは、パートタイマーは働く時間が短いという理由で、不当に安い賃金や評価を受けてきました。しかし、専門性の高い知識や技術を持っているパートタイマーの職務の価値に応じた職務給制度を導入し、働く時間が短い人でも専門性が発揮でき公正に評価される働き甲斐がある職場創りが生産性を向上させます。

○アシスタントの活躍がリードタイムを短縮させた

　あるところに美容サロンがありました。そのサロンの悩みは施術のリードタイムが３時間と他のサロンよりも１時間も長いことでした。美容サロンにはスタイリストとそれを補助するアシスタントがいます。経営コンサルタントとして依頼を受けた私は、当初はスタイリストの動きだけに集中したアドバイスをしていましたがなかなか結果が出ませんでした。ある時、よく気が利くアシスタントが入社しました。すると、みるみるうちにリードタイムが短くなりました。シャンプーやカラー剤の調合から染付けなど、このアシスタントが手際よく準備をしてくれるのでスタイリストは本来の仕事に集中できたのです。このアシスタントの働きがリードタイムを短縮したのです。

○パートタイマーが活躍している職場

①運送会社

　運送会社の人手不足は深刻さを増しています。そこで、月曜日から金曜日までの就業日を３人の女性ドライバーで賄う勤務体制を整備しました。すなわち、１台のトラックを３人の女性ドライバーがシェアして運行する体制で、仕事と家庭の両立を実現します。パートタイマーが働きやすい勤務体制を構築することで、ドライバー不足が原因で配送ができないチャンスロスを防ぐ事ができました。

②美容サロン

　美容サロンは人手不足が深刻な職種です。育児などでフルタイム勤務ができない美容師さんもフレキシブルな勤務体制でその専門性の高い技術力を活かすことができます。本人のスケジュールと顧客との予約時間を調整しその時間だけ勤務する制度です。平日は10時から14時までは勤務可能な美容師さん、日曜日だけ勤務ができる美容師さんなどが、それまで時間の制約で眠っていた専門技術をよみがえらせるとともに、高い専門性に見合った「職務給」で高額の賃金を受け取ることができました。また、美容サロンも人手不足からくるチャンスロスによる売上減少を回避できました。

③建設会社

　建設現場の監督さんは、昼間は現場監督をし、帰社してからは図面や書類の整理に追われ毎晩遅くまで残業をしていま

した。そこで、家庭の事情で1日3時間しか勤務できない
パートタイマーを採用しました。そのパートタイマーの仕事
は、図面の整理や書類作成などの監督さんのアシスタント業
務です。すると、監督さんはそれまでのルーチンな仕事が
減り、本来の付加価値の高い業務に専念できるようになり残
業もなくなり生産性が向上しました。

◆エピソード18／困ったパートさん
　パートタイマーの働きやすい職場創りとは、決してパート
タイマーの要望にすべて迎合するものではありません。人手
不足で「売り手市場」の状況が続くと人手の確保が最優先さ
れ、採用基準が甘くなってしまったり、面接時に応募者に
とって耳触りのよい話をして入社後にトラブルになるケース
が目立ちます。
「このシフトの日は、私は出社しません。面接の時に店長が
出社日は自由にするって言っていたから」
「今月は子供が夏休みだから全部休みます」
「土日は家の用があって出られません」
「私はパートだからそんな仕事はやりません」
　雇用契約書で出勤日や出勤時間、職務内容などの労働条件
をしっかりと定めて、厳格な労務管理をしないとこのような
トラブルを招きます。
「猫の手よりマシ」と思って採用したが「猫の手の方がまだ

マシ」だったケースの労務トラブルが多発しています。

■　まとめ

①パートタイマーのアシストで正社員のパフォーマンスを最大化

②職務の価値に応じた適正な「職務給」の導入でパートタイマーを活性化

③働く時間をシェアしてパートタイマーが働きやすい環境づくり

4．女性が安心して働ける職場

　内閣府男女共同参画局の統計によると、女性の年齢別労働力率は30歳代がくぼんだいわゆるＭ字カーブとなっています。これは、出産や育児期にあたる30代での就業率が落ち込み、子育てが一段落したあとに再就職する女性が多いことを反映しています。

　企業にとって出産や育児による退職で、それまでに培ったスキルの高い人材を失うことは大きな痛手です。出産や育児による人材の流出を防ぐには、育児休業から復帰後の仕事と育児の両立支援体制を構築し、男性も女性も子育てをしながら働きやすい職場をつくることが必要となります。

○トラブルを未然に防ぐ育児・介護休業の運用方法

　育児・介護休業法では、育児・介護のための育児・介護休業、職場復帰後には育児・介護のための看護・介護休暇、社員から申し出があった場合の所定外労働時間の制限、法定外労働時間の制限、深夜業の制限、育児短時間勤務が法整備されています。会社はこうした制度があることを社員に対し周知を徹底します。就業規則や育児・介護休業規定の整備や組織改革、仕事のやり方の見直しによる生産性の向上を実現させ、仕事と育児・介護が両立しやすい労働環境を整備し労働

力の確保を図ります。

　育児・介護休業法では休業後の業務の現職への復帰は義務付けていませんが、事業主が講ずべき措置に関する指針では、復帰後の配置について原職または原職相当職に復帰させることを配慮すること（平成21年厚生労働省告示第509号第2の7）となっており、このことから育児休業から復帰する社員の配置は休業前の原職への復帰が原則となります。そのため、本人の希望がある場合や原職の職務が遂行できない場合、組織の変更等会社の業務都合によりやむを得ない事情がある場合は、部署及び職務への変更が出来ることを就業規則に定めます。こうした規定を育児休業開始前に面談により周知することで復帰後の配置転換時のトラブル回避に役立ちます。

　育児・介護休業法では育児休業は原則として子が1歳に達するまでの期間、例外として保育所に入所できないなどの理由がある場合は最大で子が2歳に達する期間までとなっています。法定以上の育児休業期間を延長できる制度や休業中の復帰プログラムの実施など安心して育児休業ができる制度の構築は女性が活躍できる職場づくりに貢献します。安心して仕事と育児が両立できる労働環境を整備することで、M字カーブの谷を緩やかにして子育て世代の女性の離職を防ぎ会社の貴重な戦力の確保となります。

○育児休業復帰後のトラブル対策

①「育児休業取扱通知書」の交付時に配置転換の可能性があることを事前に周知する

②育児休業終了1ヶ月前に面談を必ず行い、配置転換をするときはその必要性を十分に説明し理解を得る

● よくある会社の失敗

①育休復帰社員に配慮しすぎて、極端に仕事量を減らしたり、仕事の難易度を落とす

②本人の意向を確認しないで会社側の勝手な思い込みで職場を変更してしまう

会社からすると本人のために良かれと思ってやったことがアダになるケースが多くあります。すべては、面談によるコミュニケーション不足が原因です。

育児休業復帰後のトラブルを防止するには一にも二にも面談により相互理解を深めて、育休復帰社員に安心して職場復帰できる環境を整えることです。

◆エピソード19／育児休業復帰時のトラブル回避

あるところにケーキ屋さんがありました。県内に7店舗のお店があります。あるお店の女性店長が育児休業で休んでいました。休業明けには店長職に復帰することを望んでおり、会社もそれを望んでいました。いざ、仕事に復帰してみると子供の育児と店長職の両立は思いのほか大変なものでした。

保育所への送り迎え、「子供が熱を出した」と保育所からの呼び出しは日常茶飯事のことでした。店長としての店の管理や販売管理、社員の指導等々、疲労が重なり目に見えてやつれてきました。そして彼女が持っているパフォーマンスが発揮されない状態が続きました。そこで、会社は店長との面談を重ねた結果、店長職の交代と短時間正社員への勤務形態の変更を提案しました。彼女もその提案を受け入れました。仕事上の責任が軽減されたことと時間の余裕ができたことで、今では店長の良きサポート役として、また子供のやさしいお母さんとして職場と育児の両立にまい進しています。

○「多様な正社員」の働き方

　育児や介護に限らず家庭の事情などにより転勤を望まない人には勤務地限定制度、職務の特殊性や本人の希望を考慮した職種・職務限定制度、働く時間帯や曜日を限定した勤務時間限定制度、自宅で子育てをしながら仕事ができる在宅勤務制度などを導入することにより、それまでのキャリアを途中で断念することなく働くことができます。

　職場と家庭との両立への障害を取り除き、ストレスを抱えることなく働くことができる勤務体制の整備が優秀な労働力の確保につながります。

　職場と家庭の両立を支援する職場環境づくりこそ、優秀な人材の確保と生産性向上の実現に不可欠です。

○限定正社員とは

　限定正社員とは、正社員と比べて職種・職務や勤務地、勤務時間が限定されている正社員を指します。限定正社員は限定されている部分以外は正社員と同等です。したがって、期間の定めがなく定年までの雇用が前提となります。

　厚生労働省の「多様な形態による正社員」に関する研究報告書では、約50%の企業が「多様な正社員」の雇用区分を導入しており、職種限定区分は90%、勤務地限定区分は40%、労働時間限定区分は10%から20%の企業で導入しています。

　限定正社員のメリットは、優秀な人材の確保や人材の定着、ワーク・ライフ・バランスの実現などがあります。また、デメリットは正社員との処遇差を均等にしないと正社員の不公平感が生じることや、勤務地限定や職種限定の場合、事業所閉鎖の場合の雇用の継続が難しいなどの問題があります。

⑴　職種・職務限定正社員

　事務職や営業職といった職種の範囲で区分けする場合と、高度な専門性や資格が必要とされる職務に区分けされる場合があります。問題となるのは高度な専門性を伴う職務限定正社員の能力不足の場合です。こうしたリスクを回避するために労働契約書に次の特約を記載します。

　「高度な専門性の職務を特定した労働契約であるため、当社が求める職務内容が達成されない場合は、あるいは達成の見込みがないと判断された場合は、労働契約を解消するもの

とする」

(2)　勤務地限定正社員

育児や介護などで転勤が難しい社員の離職防止や、地域に根差した優秀な人材の確保を目的としています。「居住地から通勤可能な事業所とする」とか「勤務する事業所を特定する」など地域や事業所を限定とするものです。問題となるのは事業所閉鎖などで勤務地がなくなった場合の対応です。解雇回避の措置として他地域への配置転換が妥当と考えられますが、限定地域における専門性の職務に限定されている場合は退職金の上乗せなどを伴った解雇が妥当と考えられます。

(3)　勤務時間限定正社員

育児・介護休業制度の短時間正社員のように、育児や介護との両立を支援して離職を防止することと、キャリアアップに必要な能力を習得する際の自己啓発の時間を確保することを目的とします。

所定労働時間を1日6時間にするなど、勤務する曜日や時間帯を限定します。賃金は正社員時の賃金を時間按分します。

(4)　在宅勤務……自宅でテレワーク

在宅勤務とはその名の通り自宅で働くことです。テレワークとはパソコンなどITを活用した時間や場所にとらわれない柔軟な働き方をいいます。もちろん労働基準法などの労働法は適用されます。また、就業規則においても在宅勤務を命じることに関する規定や在宅勤務用の労働時間に関する規定

などを設ける必要があります。

　労働時間の管理の問題では、在宅勤務で「事業場外でのみなし労働時間制」が認められるか否かの問題です。

○事業場外みなし労働時間制とは

　①労働時間の全部または一部について事業場外で業務に従事

　②労働時間の算定が困難な場合

　①と②の二つの要件が満たされた場合に、就業規則等で定められた所定労働時間または当該業務の遂行に通常必要とされている時間を労働したとみなされる制度です。

○在宅勤務で「事業場外でのみなし労働時間制」が認められる３要件

　①業務が自宅で行われていること

　②パソコンが本人の意思で通信可能な状態を切断できることを認められていること

　③作業が随時使用者の具体的な指示に基づいて行われていないこと

　以上の３要件をすべて満たして「事業場外でのみなし労働時間制」が認められます。

　①の要件は当然に満たされます

　②の要件は本人の意思で通信回線の ON、OFF が自由であれば満たされます。

③の要件が問題となります。作業の目的やクオリティー、期限等の基本的事項が使用者から指示されている場合は労働者の裁量を欠きますから満たされません。

　したがって、使用者による仕事の遂行状況を把握され、納期などを指示されている場合は事業場外のみなし労働時間制は認められない可能性が高いです。

○ダブルケアとは

　ダブルケアとは育児と介護の両方に直面している状態をいいます。子供の育児と親の介護の二つのケアが同じ時期に重なる状態です。晩婚化が進み女性が最初の子を産む年齢が上昇したことが原因と言われています。ちょうど「働き盛り」の30代から40代を直撃するもので、ダブルケアを理由に離職したり働く時間を減らしたりする人が増えています。在宅勤務制度規定の構築や運用の整備を充実させて、ダブルケアで苦しむ「働き盛り」を支援して優秀な労働力の離職を防止する必要があります。

■　まとめ

①女性の活躍を望むなら、育児や介護に安心な職場創りから

②多様な働き方のオプションで、働く女性の家庭と職場の両立支援

③働く女性が定着しない会社には未来がない

5. 中高齢者の知識や経験は会社の財産

○定年後の再雇用社員の上手な使い方

　平成25年4月に高齢者雇用安定法が改正され、事業主はその雇用する高齢者の65歳までの安定した雇用を確保するために①定年の引き上げ、②継続雇用制度の導入、③定年の廃止のいづれかの措置を講じなければならなくなりました。

　平成28年に厚生労働省が発表した「高齢者の雇用状況」集計結果では全企業の81.3％が継続雇用制度の導入、16.1％が定年の引き上げ、2.7％が定年制の廃止でした。

　65歳までの定年延長は企業にとってコストアップにつながるため継続雇用制度の導入が多い結果となりましたが、徐々に定年の引き上げや定年の廃止も増加しています。継続雇用制度とは、会社に引き続き働くことを希望する社員全員を60歳定年の翌日から会社が定めた期間ごとの再雇用契約で65歳に達するまで雇う制度です。雇用期間を1年単位で更新する会社が主流となっています。社員は60歳定年時で退職金も清算され正社員の身分でなくなり非正規社員となります。

　ここで問題になるのは再雇用契約時の賃金です。法律では定年退職者の希望に合致した条件での雇用を義務付けていません。多くの会社で見られる再雇用契約時の賃金水準は現役時代の50％から70％となっています。

　高齢者といえどもまだ60歳を超えたばかりの社員です。多少の衰えは気になりますが、これまで培ってきた知識や経験、ノウハウ、技術を粗末にするにはもったいない気がします。なによりも新入社員のように一からの社員教育が省かれるといった利点があります。

　一律に再雇用後の賃金水準を決めないで、その社員の経験、ノウハウに合わせた"職務給"制度を導入して人材の流出を防ぎ技術の継承と人手不足の解消を両立させます。たとえば、技術者なら高度な技術力に応じた職務給、総務部長なら管理等の役割に応じた職務給を決定します。社員の得意技と会社の要望をマッチングさせて win win の関係を結ぶことが、定年後の再雇用社員がモチベーションを落とすことなく活躍できる職場創りの第一歩です。

◆エピソード20／定年後の再雇用社員が会社を救った

　あるところに重機の修理屋さんがありました。文字通りクレーンや油圧ショベルなどの故障修理を仕事としています。重機の故障は工事現場が止まってしまいますから、修理の依頼はいつも突発的でしかも緊急です。社長と6名の熟練社員がそれに対応していましたが、現場の修理仕事に追われる毎日でなかなか新人教育に手が回らない状態でした。そのため4名いる若手社員が戦力にならない状態が続き、2名の熟練社員は過労のため退職してしまうといった最悪の状態に陥り

ました。

　ある時、60歳になったので定年退職を申し出た熟練社員がいました。その熟練社員は、退職後はゆっくりしたいという理由で再雇用を希望しませんでした。そこで社長は「週３日の勤務でしかも１日４時間でいいからと」若手社員の技能教育を依頼しました。熟練社員も「それならば」と快諾しました。それまでは現場修理が忙しく若手社員の教育も疎かになっていましたが、熟練社員が基本から懇切丁寧に教えることにより、若手社員の修理技術はみるみる成長して半年も経たないうちに１人で重機の修理ができるようになり会社の危機を救いました。

○生産性を高める賃金体系

　職務給とは、職務内容の難易度、重要度などの職務の価値に応じて支払わられる賃金体系です。職能給のような属人給ではなく職務に対する賃金なので、職務内容と賃金が一致して合理的です。したがって、職務給は職務に対して賃金が設定されているので、同じ職務を担当するのであれば誰が担当しても同じ賃金が支払わられます。賃金を決める基準が明確なため、同一労働、同一賃金に対応可能となります。

　職務給では仕事が変わらない限り賃金は変わりません。職能給のように勤続年数が増えると能力が高まるといった考え方はないので昇給は原則ありません。こうした単純な単一

レートではモチベーションの維持が困難であるといったデメリットが生じます。そこで、仕事数やグレードに応じて職務給の最高額と最低額を定めて弾力的な運用が可能なバンド制職務給の導入が有効となります。

バンド制職務給とは、たとえば清掃の職務であればベーシックな職務給は清掃の仕事に対するものですが、そこにスケジュール管理やクレーム対応といったグレードが高い仕事が増えれば、増えた仕事数に応じて職務給がアップされる賃金制度です。これにより、習熟による生産性向上分を賃金に反映することができ成果主義の要素も加わります。

職能資格制度を基礎とした職能給では職務遂行能力で評価された等級とそれに対応した職位があります。職位とは部長とか課長とかの役職のことです。職務給ではこの職位といった概念をなくします。そして、営業部長なら「営業部長」という職務内容が定められその職務に対する賃金が設定されます。その営業部長が「総務部長」に配置転換されたら総務部長の職務に対する職務給が支払われます。また、部長職や課長職といった会社が期待する役割ごとの職務内容を設定したものを役割給ともいいます。

労働力不足の経営環境のなか、能力給のように職務遂行能力を基準とした「人」を基準とした賃金体系から、「仕事」を基準とした職務給への移行が、女性や高齢者及びパートタイマー労働者が活躍できる職場環境が実現し生産性の向上に

貢献します。

　しかしながら、正社員のゼネラリストの育成を主としてきた日本の企業風土には職務給はマッチせずほとんど普及していないのが現状です。その段階的な対策として、職能資格制度が年功序列的にならないように年齢や勤続年数といった属人的な評価を廃止し、また能力については顕在部分のみの評価に基準変更することで能力と賃金のミスマッチを防ぎます。そして社員が担っている役割と職務は役割給と職務給で評価することにより責任範囲を明確にします。職能給と役割給、職務給の長所を生かした賃金体系を構築することで職能資格制度の運用の硬直化を防ぎ組織を活性化させます。

　パートタイマー、有期雇用のフルタイマー、定年後嘱託社員といった多様な働き方の労働者が不公平感なく安心して働く環境を実現させるには、「仕事」や「役割」の基準が明確な職務給や役割給の導入が効果的です。雇用形態に応じた賃金体系の構築こそが機能的かつフレキシブルな運用が可能となり人手不足の解消と生産性の向上に役立ちます。

○もう一つの定年　役職定年制の罪

　定年とは60歳定年だけではありません。人件費抑制とポスト不足解消の両立を目的とした50歳半ばでの役職定年制（管理職定年制）があります。会社は役職定年により役職を外すことで賃金の20％から30％削減と、次の世代のポスト不足が

解消できます。役職定年制は1980年代から行われた55歳定年制から60歳定年制への移行に際して、主に組織の新陳代謝・活性化の維持、人件費増加の抑制などのねらいで導入されたケースと、1990年代以降に職員構成の高齢化に伴うポスト不足の解消などのねらいから導入されたケースが多いとされています。また、最近では日本型雇用システムを基盤とした職能資格制度からなる職能給の運用が硬直化したことも要因とされています。職能資格制度では勤続年数が長くなるほど職務遂行能力が高くなることが前提となっているため一度上がった賃金は下がりません。そこで企業は苦肉の策として50歳以上の賃金が高くなった管理職を対象として役職定年制度を設けて人件費の抑制をしました。すなわち管理職を年齢という制限を設けて穏便にポストから外す制度なのです。また、次の世代のポスト不足も解消できるので会社にとっては一石二鳥の制度だったはずでした。しかし、それこそ"働かないオヤジ社員"を増殖させる原因でもあったのです。定年をはるか前にして平社員に逆戻りして、賃金は下がるは、肩書きはなくなるは、以前の部下に使われるはではやる気など出ないのが本音でしょう。また、優秀な管理職の役職定年により会社がスキル不足、人材不足に陥ってしまったら本末転倒です。

　年齢や勤続年数などの属人的な要素に関係がなく、職務の内容や役割に値札を付けた職務給や役割給を導入すること

で、社員のスキルに合った適材適所の配置となり、賃金の高止まりと次世代へのポスト不足も解消されます。

　また、役職定年制に変えて役職任期制を導入するのも、次世代の社員にもチャンスが増えポスト不足と人材の発掘に役立ちます。

　"働かないオヤジ社員"に高い賃金を支払うのはもったいない話です。人のモチベーションの源は他者からの「承認」です。すなわち、"人の役に立ちたい"、"人に期待されている"の気持が人をやる気にさせるのです。

　働かないオヤジ社員の再生が今や会社にとって死活問題となってきました。しかし、一度消えたやる気の炎をまた焚きつけることは容易ではありません。役職定年制度を廃止し、社員が一定年齢に達したら職能資格制度から職務等級制度や役割等級制度に移行することで個人のスキルに合わせた柔軟な働き方が可能となり中高齢社員のモチベーションの低下を防ぐことができます。働かないオヤジ社員の増殖を止めることこそが中高齢社員を活躍させる職場創りにとって不可欠なことです。

　それでも働かないオヤジ社員は会社にとって「百害あって一利なし」です。ドロップアウトしてもらうしかありません。

■　まとめ

①定年後の再雇用社員の知識、ノウハウ等は会社の財産であ

る

②役職定年制を廃止して働かないオヤジ社員を会社からなく
　す

③中高年社員とハサミは使いよう

第6章

仕事のやり方革命で
生産性を2倍にする

 1．生産性を蝕む7つの仕事習慣病

⑴　仕事の棚卸しをして仕事を半分に削る

○知らないうちに仕事が増えている！

　仕事は知らないうちに増えてしまうものです。仕事でミス
が発生すると人間の行動特性からミスを防ぐために、それま
で、ダブルチェックだったものがトリプルチェックになり、
チェック項目が増えたりもします。

　また、前任者がチェック項目や添付書類、確認事項などを
増やすと前例踏襲をして、そのまま仕事を引き継いでしまう
ので仕事量は膨らむ一方となってしまいリードタイムが長く
なり生産性が悪くなります。よく役所で見かける光景です。

　こうなると社内向けの仕事ばかり増えムダに忙しくなりま
す。そこには生産性向上のカケラもありません。

　そこで、ムダに膨らんだ仕事の棚卸しが必要となります。

　「仕事量を20%削減！」を目標としてもあまり効果は見られません。なぜなら20%の削減くらいでは小手先の改革で充分可能だからです。これが「仕事量を50%削減！」となるとゼロからの抜本的な改革をしなければなりません。

　業務の重要度順にABC分析を行い重要度の高い業務をリストアップします。重要度の低い業務からリストアップすると「あの仕事も重要、この仕事も重要」となってしまい業務の削減が出来なくなります。付加価値を生まない業務を削り、業務フローの工程数を削減させ、スリムでシンプルな業務システムにすればミスの発生も減少しリードタイムが短縮します。

◆エピソード21／すさまじい抵抗勢力

　あるところに税理士事務所がありました。そこの先生は仕事の流れが悪くなり溜まりがちになっていることが気になっていました。ある時、意を決して「仕事の棚卸し」をして、やらなくてもいい仕事はすべて削ることを宣言しました。
「この仕事は昔からやっているので削れません」
「このチェックをしないとミスが出る危険性があります」
「この帳票類がないと管理に困ります」
などなど、様々な理由を付けては仕事を削ることに対する“抵抗勢力”が襲来してきました。得てしてベテランの職員にその傾向が強かったようです。そこで先生は自らがリー

ダーとなり、入社2年目までのまだ脳ミソがフレッシュな職員3人を加えた「仕事の棚卸しプロジェクトチーム」を結成して「仕事の棚卸し」を断行しました。

　蓋を開けてみると「やらなくてもいい仕事」や「意味もないのに引き継がれている仕事」、「念には念を入れ過ぎている仕事」など余分な仕事が山のように出てきました。そうした仕事を全部削ると「仕事量50％削減！」はあっという間に達成しました。その後、仕事を削ったことによるトラブルはまったく発生しませんでした。

(2)　アウトソーシングを活用して本業に集中

○外注に出すと経費が掛かってもったいない！

　自社で本業以外の業務も全部やろうとする会社があります。社員がやれば余分なお金が掛からないから得するとでも思っているのでしょうか？

　アウトソーシングとは、会社の重要な経営資源である社員をコア事業に集中させ、それ以外の付加価値の低い業務を外部に委託することをいいます。

　労働力人口が減り慢性的な人手不足の時代が到来しています。会社は経営資源をコア事業に集中し生産性を高めなければなりません。時間当たりの利益の最大化に貢献しない、すなわち生産性の低い業務はアウトソーシングをします。

　アウトソーシングのメリットは、会社のコア事業以外の業

務には経営資源を投下せず、外部の専門家に委託することで必要な知識や機能を迅速に調達できることです。アウトソーシングを活用することで業務が効率化し組織のスリム化が進みます。

　経理や労務管理のアウトソーシングをはじめ、営業力が弱い会社は営業部門のアウトソーシング、研究開発部門を大学の研究室などにアウトソーシングする例は多くあります。

　アウトソーシングを有効活用し、貴重な経営資源である自社の人材をコア業務に集中させることで、コストの削減と本業のリードタイムの短縮が可能となり時間当たりの利益の最大化を実現させます。

◆エピソード22／すべてを自社でやらないと気が済まない

　あるところに社員20名ほどの電子部品会社がありました。そこの社長のポリシーは可能な限り仕事は自社で賄うことでした。その理由は「外部へお金を出すのはもったいない」からでした。そのため不動産登記から補助金申請や税務申告などのあらゆること自社で行っていました。慣れない仕事のため役所から書類の不備を指摘され、夜遅くまで残業が続き本業が疎かになっているのはいつもの風景でした。

　目先の損得だけでケチをして、一番大切な時間を粗末にしていたら商売は繁盛しません。

⑶　**会議は短く、資料は簡単に**

○会議が一番大切な仕事！

　会社の目的は自社の製品やサービスを顧客に満足してもらい、その結果として利益を最大化させることです。利益を最大化するためには顧客がなにを望んでいるのか、どのような価値の提供が必要か、顧客が満足する商品はなにか、そのためにはどのような商品開発が必要かなどなど、顧客が本当に望んでいるものに応えていかなければなりません。すなわち、顧客目線に立っての業務の遂行です。

　役員会議のために作られたオールカラーのきれいな資料や上司に報告するための分厚い報告書などは、利益の最大化のために本当に必要なのでしょうか。むしろ、それらの資料や報告書を作成することが長時間労働の要因となっていないのでしょうか。利益の最大化に対して価値の低い仕事を削減し、そこで生じた時間を価値の高い仕事に集中し生産性を上げます。内向きのマンパワーの応酬や執ような根回し、稟議書が廻る部署の多さなど意思決定と行動の遅さも生産性の敵となっています。会社目線、上司目線での仕事は大切な顧客をないがしろにするばかりか、時間ばかり費やしても百害あって一利もありません。

　会議も時間の浪費のひとつです。２時間の会議と決めたら２時間きっちりやらないと気がすまない会社をよく目にします。結論が出たらさっさと終了して通常の仕事に戻ればいい

のですが……。

　本当に会議にそれだけの時間が必要なのでしょうか。また、それだけの回数の開催が必要なのでしょうか。はたまたこの時期にやる必要があるのでしょうか。そもそも、その会議は会社の役に立つのでしょうか。会議が多い会社で儲かっている会社を見たことはありません。

◆　無駄な会議を減らす手順

　①会議の目的とその議題を決める。

　②会議に必用な出席者を決める。

　③会議の所要時間を決める。

　・結論が出たら時間が余っていてもその時点で終了

　・結論が出なくても予定の時間になったら終了

　会議は反省会でも上司の独演会の場でもありません。利益を最大化にするための作戦会議の場です。長時間の会議は生産性を悪化させる元凶となっています。

　「時は金なり」です。時間は有限です。損失は取り戻すことができても時間は取り戻すことができません。無駄な会議こそ生産性の敵です。

◆エピソード23／ただいま会議中です

　あるところに事務機器屋さんがありました。私の事務所の事務機器が故障しため担当者に電話を入れました。すると電

話に出た女性が「ただいま営業会議中です。後で連絡します」という返事でした。でも私はその事務機器が使えないと仕事に支障をきたします。この事務機器屋はいったいどっちを向いて商売をしているのでしょうか？顧客が困って連絡してきているのに自分のところの会議の方が大切とは。しかもそれが営業会議とは……。

(4)　**仕事は逆算！**

○仕事のやり直しも給料の内！

　「経営は逆算」これは一倉定氏のことばです。そして「仕事も逆算」です。「仕事は逆算」の言葉通りゴールから逆算したスケジュールを作ります。それには、仕事ごとの業務プロセスと所要時間の設定が不可欠です。マラソンで言うラップタイムと同じです。ゴールの時間が決まればおのずとスタートする時間が決まります。次に中間時点のポイントごとの進捗状態を設定します。そうするとポイントごとの計画と現実とのギャップが把握でき修正が利きます。生産性が悪い会社は標準的な所要時間や業務プロセスがないため、仕事を始める前に計画書を作ることも、この逆算によるスケジュール管理もできていません。そのため、なんとなくスタートして進捗状況の把握もないままになんとなく遅れてしまうのです。

　会社の仕事は複数の仕事が同時進行しそれぞれのつながり

で形成されています。したがって、一部の仕事でも計画通りに達成できないと連鎖的に会社全体の仕事が遅れてしまうことになります。逆算からのスケジュール管理によって、仕事の遅れからなるリスクを未然に防ぐことができます。

　所要時間を設定しても時間内に仕事が納まらないといった問題が生じます。なぜこうした問題が起こるのでしょうか。

　それは「仕事のやり直し」が原因です。仕事のやり直しとは出来上がった仕事が上司からやり直しを命じられることです。なぜ仕事のやり直しが起こるのでしょうか。

　結論から言うと原因は段取り不足と報告不足です。段取り不足とは仕事を指示する上司と指示された部下とがその仕事に対するイメージが一致していないことです。例えば、「黄色」にも淡い黄色、濃い黄色、明るい黄色などいろいろな黄色があります。上司がイメージしている「黄色」と部下の「黄色」とでは同じ黄色でも違います。段取りの段階で「黄色」のイメージの擦り合わせをすることなく仕事に突入すると最後にやり直しといったどんでん返しが待ち受けています。

　報告不足とは仕事の段階ごとの報告がないことです。期限ギリギリに出来上がってきた仕事が上司の期待するイメージと一致せずやり直しが起こります。段取りの時点で報告するタイミングの擦りあわせがないことが要因です。仕事の段階ごとの報告があれば軌道修正も容易にでき最初からやり直しといった悲劇を避けられます。段取り不足と報告不足を解消

すれば「仕事のやり直し」が激減し生産性は上がります。

◆エピソード24／確認したはずがクレームの山

あるところにコンピュータのソフト会社がありました。「依頼した内容と違う」「こんな発注はしていない」とお客さんからの厳しいクレームが舞い込みました。社長が担当者に事情を聞くと、「最初にお客さんの会社で打合せをして、その後、修正の依頼があるたびに確認して変えました」との応えでした。

確認方法を尋ねるとFAXやメールだけで済ませ、その後、一度もお客さんの顔を見ることはなく、ましてや途中経過の試作品を確認してもらうことなく納品したとのことでした。

細かなニアンスは実際に会って確認しないと把握できません。足を使って、相手と会い、眼を見て話すことで理解できることが多いのです。

(5) 職場のブラックボックス

○仕事は背中を見て盗め！

「その仕事は○○さんでなければできない」「それは担当者でなければ分かりません」といった会話が会社中にはびこっています。まさに職場のブラックボックスが病巣となっています。なぜブラックボックスが生じるのでしょうか。

一つ目の要因は「情報の共有化」ができていないことで

す。社員が担当している仕事内容や進捗状況をお互いに報告しないため、デスクがとなりでも「隣はなにをする人ぞ」となってしまっています。他人の仕事に口出しをしない風潮やまわりに無関心な社員の増加が職場のブラックボックスを増殖させています。また、行き過ぎた業績主義の会社では自分自身の業績だけが大切となり、決して他の社員と情報の共有などはしません。

　二つ目の要因は「ノウハウの共有化」ができていないことです。それぞれの社員に独自の仕事のやり方が存在してノウハウが共有できません。そのため仕事のマニュアル化も遅れてしまいます。なぜノウハウの共有化が出来ないのでしょうか。「この仕事は自分にしかできない」「私が汗と涙で培ってきたノウハウだ」といったプライドがノウハウの共有化の邪魔をします。ベテラン社員ほどその傾向は強いのです。また、ノウハウを公開すると自分自身の存在価値がなくなり、仕事がなくなってしまうといった恐れや保身なども要因と考えられます。

　仕事の80％はルーティンワークです。この部分の仕事は誰にでも出来る状態でなければなりません。ノウハウをマニュアル化したいのはこの部分の仕事です。残りの20％は付加価値を生み出す仕事です。この部分の仕事は特定の限られた社員、すなわち希少リソースが行ないます。この部分の仕事は属人的な資質や才能が重要となりますのでマニュアル化は難

しいです。

　「情報の共有化」と「ノウハウの共有化」により職場のブラックボックスが解消すれば、会社全体で同じ情報と、同じ水準の仕事が共有でき生産性が上がります。

◆エピソード25／ベテラン社員の本音

　あるところに社員50名の内装工事の会社がありました。そこに総務課には勤続30年で定年間近の大ベテランの女性社員がいました。経理から労務手続きまでその女性社員がひとりで夜遅くまで孤軍奮闘していました。そのベテラン社員が休んだ日の総務課は立ち往生してしまいます。そこで社長は総務課に新たに社員を配置して仕事の引継ぎを試みました。しかし、そのベテラン社員は頑として自分の仕事内容を公開しません。困った社長がベテラン社員に話を聞くと「自分の仕事が取られてしまう」「仕事がなくなったら厄介払いされる」といった根拠のない恐怖心からの行動でした。

⑹　もうひとつの過剰サービス

○思いつきでサービスをする！

　社員ごとにお客さんに対するサービスの基準が違うとトラブルが起こります。

　「前の担当者はいつもサービスをしてくれたのに、担当者が変わったら何にもサービスしてくれない」ってやつです。

これではお客さんはサービスが悪くなったと感じてしまいます。なぜこのようなことが起こるのでしょうか。それは会社のサービス基準やおもてなし基準が定まっていないからです。社員ごとにサービスの意識が違うのは当然ですから行動もバラバラになって当たり前です。

「良かれと思ってやったことがアダになる」

お客さんは一度受けたサービスは忘れません。それがその時の社員のチョットした気まぐれだとしても、お客さんのサービスへの期待感はますます高くなります。それと一緒にサービスに対する要求も増えてきます。こうなってくると今までのサービスをやめることができなくなってきます。また、上司のお客さんには特別なサービスが可能でも、部下のお客さんにはそれほどのサービスはできなかったり、ナアナアのお客さんに無理が通ったりするなどサービスの差別が蔓延しています。営業の場面でよく見られる光景です。

「何を、いつまでに、どこまでやればいいのか」といったサービス基準を設定しておけば、こうした偏った過剰サービスのトラブルは防ぐことができます。お客さんとのトラブルは信用をなくし、評価も下げ、生産性も悪くなり良いことはひとつもありません。

◆エピソード26／自分のお客さんだけが大切

　あるところに部品製造会社がありました。最近は小さい
ロットで短い納期の注文が多く工場はいつもてんてこ舞いで
した。「工場長！この注文書の部品を最優先で頼む」「私の大
切なお客さんだから丁寧に」その声の主は営業部長でした。
営業部長は自分のお客さんにはサービスが良いのです。必然
的に部下のお客さんは割を食います。社内のパワーゲームで
お客さんに対する偏ったサービスが蔓延すると、顧客離れと
部下のモチベーション低下が生じて生産性を落とします。

■　まとめ

①やらなくてもいい仕事だらけの職場

②本業以外は外へ出せ　アウトソーシングでコアコンピタン
　ス

③お客さんあっての商売　お客さんと会議どっちが大切です
　か？

④仕事は逆算である。足し算はダメ！

⑤仕事は背中を見せても盗めない

⑥良かれと思ったサービスがアダになる

2．生産性の向上なくして賃金アップなし

　労働生産性が向上して残業が少なくなり長時間労働が改善されることは、ワーク・ライフ・バランスの実現に向かいますが、社員にとっては残業手当が減り賃金が少なくなってしまうといった現象が起こります。残業手当が生活給の一部になっている社員は少なくありません。このような問題に対応した賃金制度の見直しが必要となります。

　労働生産性とは

　　労働生産性＝付加価値額／労働者数×労働時間

　付加価値とは

　　付加価値＝売上高−外部調達費（材料費、外注費または
　　　　　　仕入原価）

　労働生産性を向上させるとは「時間当たりの利益」を向上させることです。それには付加価値額すなわち粗利益総額の増加が大前提となります。

　いくら残業時間を減らして長時間労働が解消しても、無計画に労働時間の抑制ばかりを行い、顧客からの信用を失い売上が落ちて、付加価値額が減少してしまったら生産性が向上したことにはなりません。それどころか企業経営に悪影響を及ぼす危険性もあります。

　残業時間が減るから生産性が向上するのではありません。

「仕事のやり方」を変えて生産性が向上したからこそ残業時間が減るのです。したがって、減少した残業手当を補填する賃金制度を実施するには、目標の付加価値額の達成と時間当たりの利益の最大化が大前提となります。

○生産性の具体的な計算方法

○ある会社の生産性を３つのシュミュレーションで分析

○事例：ある会社の生産性

１ヶ月の付加価値額	1,000万円
社員数	10人
所定労働時間	170時間
平均残業時間	50時間
基本給	34万円
残業手当	12.5万円（340,000円÷170時間×1.25×50時間）
総支給額	46.5万円

⑴　現状の労働生産性

　１ヶ月の付加価値額　＝1,000万円

　総労働時間：2,200時間＝（所定労働時間170時間＋残業時間50時間）×10人

労働生産性＝1,000万円÷2,200時間＝4,545円／時間

利益　　　　＝1,000万円－465万円（46.5万円×10人）＝535
　　　　　　　万円

図表1

（万円）

付加価値額	人件費
1,000	465
	利益
	535

現状では、10人の社員が1ヶ月当たり2,200時間の労働時間で1,000万円の付加価値総額を稼ぎ出すため、「時間当たりの利益」は4,545円です。また、人件費は465万円を費やしています。

(2)　**残業時間をなくした場合**

1ヶ月の付加価値額　＝1,000万円

総労働時間：1,700時間＝所定労働時間170時間×10人

　　　　　　　　　　　　　　　　　（残業時間を削減）

労働生産性＝1,000万円÷1,700時間＝5,882円／時間

利益　　　　＝1,000万円－340万円（34万円×10人）＝660
　　　　　　　万円

図表2

（万円）

付加価値額	人件費
1,000	340
	利益
	660

「仕事のやり方」を変えて残業をなくしたため「時間当りの利益」は5,882円にまで上がりました。時間当り1,337円の生産性向上です。人件費は340万円となり現状465万円より125万円減少したため利益は660万円になりました。こうなると残業手当を補填する原資が生まれます。

もし、"仕事のやり方"を変えることなく、「ノー残業デー」運動だけで現状の付加価値が維持できたとしたら今まで支払ってきた残業代はいったい何だったのでしょうか？

(3) **付加価値額が10％アップして残業時間をなくした場合**

　1ヶ月の付加価値額　＝1,100万円（10％アップ）

　総労働時間：1,700時間＝所定労働時間170時間×10人

　　　　　　　　　　　　　　　　　　（残業時間を削減）

　労働生産性＝1,100万円÷1,700時間＝6,471円／時間

　利益　　　＝1,100万円－340万円（34万円×10人）＝760
　　　　　　万円

図表3

(万円)

付加価値額	人件費
1,100	340
	利益
	760

　「仕事のやり方」を変えたため、生産性が向上し付加価値額が10％アップして1,100万円になりました。「時間当たりの利益」は6,471千円になりました。現状から比較して1,926円の生産性向上となります。また、利益も760万円となり現状の535万円から225万円も増加しました。こうなると、残業手当の減少分を補填することも可能となります。

○残業手当の減少分を賃金に還元する条件とは

　残業手当の減少分を賃金に還元する条件とは、付加価値額すなわち粗利益総額が目標に達することと、労働時間の短縮により、会社が定めた「時間当たりの利益額」に達することです。

　会社にとって残業手当といった人件費の減少は、固定費の削減になりそのまま利益に結びつきます。しかし、そこで生まれた削減分だけに目がいってしまい、残業手当の補填をしてしまうと大変危険です。もし、残業手当の削減額以上に付

加価値額が減少していたら補填する原資がないどころか大赤字になってしまいます。

　付加価値額の獲得は企業経営において最も大切なものです。これが減少したら企業は存続できません。

◆エピソード27／「ノー残業デー」の恐怖

　あるところに食品製造会社がありました。顧客から要求される納期に間に合わすために毎日３時間の残業をしていました。「過重労働」のことばが新聞紙上で賑わうようになって、社長が毎週火曜日と木曜日を「ノー残業デー」とすると宣言しました。社員はその日は強制的に定時で退社させられましたが、一日の生産量が増えたわけではないのでやり残しの仕事が溜まるばかりでした。そればかりか納期遅れのクレームが増えて催促の電話が会社中に鳴り響いていました。工場長を中心とした有志社員のサービス残業でなんとかその危機に対処していましたが彼らの疲労は増すばかりでした。

　このように、「仕事のやり方」を変えないで、労働時間の短縮ありきで進めると生産性が向上したわけではないので、会社の信用や社員のモチベーションに大きなダメージを与えます。

■　まとめ

①生産性の向上とは付加価値額の増加と労働時間の短縮を両

立させ、「時間当たりの利益」を増やすこと

3．営業社員の利益回収速度評価で資金繰り が楽になる

○ある機械販売会社の評価制度

　ある機械販売会社のセールスマン人事評価制度の話です。この機械販売会社の営業社員の評価基準は目標売上高の達成度です。すなわち「売上第一主義」の評価基準です。目標売上高に達したセールスマンは人事評価が高くなり、賃金の昇給や賞与、昇進などに反映されます。

　その機械販売会社で最新型マシンの販売キャンペーンが行われました。

○最新型マシンの販売キャンペーン

　販売キャンペーンでのセールスマン一人当たりの売上目標は500万円です。

　最新型マシン：販売価格30万円、仕入価格20万円、粗利益10万円

　Aセールスマン

　得意の値引き販売で販売価格を5万円値引いて1台25万円で20台を販売してみごとに売上目標の500万円を達成しました。

　Bセールスマン

　値引きをしないで販売したところ15台しか売れなかったの

で売上450万円止まりで売上目標の500万円に達しませんで
した。

Cセールスマン

値引きをしないで販売したところ、Bセールスマンと同じ
15台しか販売できなかったので売上目標に達しませんでし
た。

したがって、売上目標に達したのはAセールスマン一人だ
けで、Aセールスマンは社長表彰と金一封を受賞し人事評
価も最高の評価でした。果たしてこの「評価制度」で利益
の最大化になるのでしょうか？

Aセールスマン

売上目標500万円は達したものの利益は100万円でした。

図表4

販売価格	仕入価格				売上高	仕入原価
	20万円	販売数				400万円
25万円		20	×	=	500万円	
	利益					利益
	5万円					100万円

Bセールスマン

売上目標500万円には達しなかったものの利益は150万円で
した。

図表5

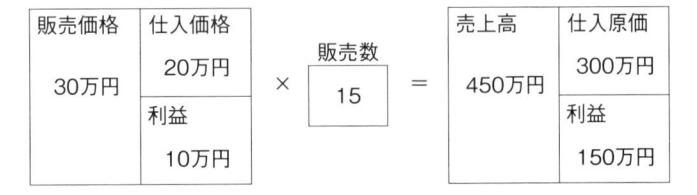

販売価格	仕入価格			販売数			売上高	仕入原価
	20万円							300万円
30万円		×		15	=		450万円	
	利益							利益
	10万円							150万円

Ｃセールスマン

売上目標500万円には達しなかったものの利益は150万円でした。

図表6

販売価格	仕入価格			販売数			売上高	仕入原価
	20万円							300万円
30万円		×		15	=		450万円	
	利益							利益
	10万円							150万円

　会社の目標は利益の最大化です。いくら売上が多くても利益がなければ会社の存続は不可能です。生産性を向上させるとは「時間当たりの利益」を高めることです。したがって、利益が上がらないことには生産性は向上しません。

　それには「売上評価」から「利益評価」へと営業社員の評価制度を変更する必要があります。

　「利益評価」の評価基準ならＢセールスマンとＣセールスマンがともに150万円の利益を獲得し好評価となります。

しかし、「利益評価」だけでは営業社員の正確な評価はできません。

次に必要な評価基準は「販売代金の回収の速さ」の評価です。会社経営を存続するには①利益を出すことと、②資金ショートをおこさないことを両立させなければなりません。

会社は売掛金が増えるほどキャッシュフローが悪くなります。販売代金の入金サイトが長くなればなるほど資金繰りが厳しくなります。

「利益回収速度評価制度」は、獲得した利益から代金回収サイトを除した「利益回収速度」で評価する制度で、「利益の最大化」と「キャッシュフローの改善」を目的とした評価制度です。

利益回収速度の計算式
「利益回収速度」　＝　「利益」÷「代金回収サイト」

3人のセールスマンの利益回収速度をシュミレーションします。

販売代金の回収サイト

Aセールスマン……販売から1ケ月で代金回収

Bセールスマン……販売から1ケ月で代金回収

Cセールスマン……販売から2ケ月で代金回収

利益回収速度＝利益÷代金回収サイト

Aセールスマン……100万円 ÷ 1 ケ月 = 100万円／月

図表7

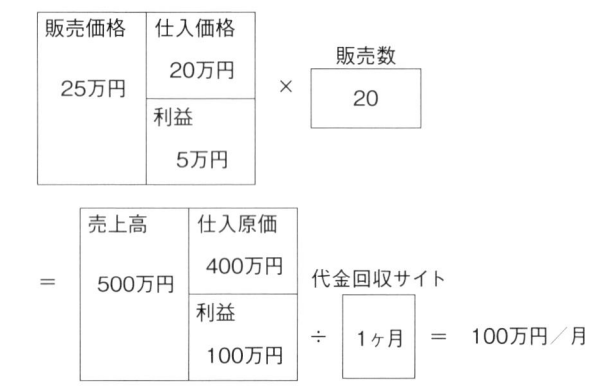

Bセールスマン……150万円 ÷ 1 ケ月 = 150万円／月

図表8

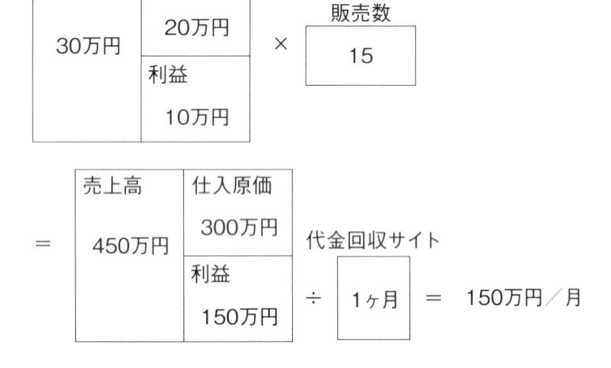

Cセールスマン……150万円÷2か月＝75万円／月

図表9

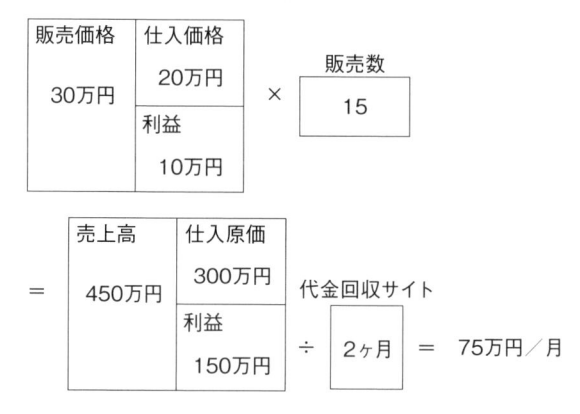

　この結果、「利益回収速度評価」での評価成績は、Bセールスマンが150万円／月で一番高く、次にAセールスマン100万円／月、最後は代金回収サイトが一番長かったCセールスマン75万円／月の順となります。

　利益の最大化と良好なキャッシュフローの経営を両立させる「利益回収速度評価」を採用することで生産性が向上します。

◆エピソード28／売上至上主義

　あるところに機械部品の問屋さんがありました。この問屋さん、営業社員は10人ほどで、営業方法はすべてお得意さんへのルートセールスでした。社長の悩みはたくさん売ってい

るのになかなか利益がでないことと、なぜか毎月の資金繰り
が厳しいことでした。

　原因を探るために営業社員全員の売上高、粗利益、代金回
収状況を調べてみました。すると驚くことが判明しました。

　今までトップセールスと評価してきた営業社員3名は、安
売りのため利益がまったく取れていなく、しかも代金回収も
やっていないので1年分の売掛金が滞留していました。

　社長は今さらながらに己の管理不徹底を嘆きました。

　売ることには熱心だけど集金が苦手という営業社員はいま
す。売上高を優先するあまりお客のムリを利きすぎて集金を
延ばしたり、必要以上の値引きをしてしまうことがあります。

　売上至上主義をやめて適正粗利益額の確保と、代金回収の
早さに焦点を絞った「利益回収速度評価」で管理を徹底する
ことでこの問屋さんの利益とキャッシュフローは改善されま
した。

■　まとめ

①利益回収速度の評価制度で利益とキャッシュフローを改善
　する

　最後までお付き合いいただき、ありがとうござました。

　日本の人口は間違いなく減少していきます。そんななか、「良いものを安く」といったこれまでの薄利多売のビジネスモデルは通用しなくなります。なぜならば、低価格路線では多売が必要条件となりますが、多売に必要な人手が確保できなくなるからです。たとえ人手を確保したとしても賃金が高騰してしまい安く売ったら儲からなくなるからです。

　これからは、「もっと良いものをもっと高く売る」とか「時間を掛けずに良いものをつくる」といったビジネスモデルが主流となります。

　人手不足対策として、AI（人工知能）やロボットの活用なども有効な手段でありますが、中小零細企業ではそれらの導入は遅れている状況です。

　企業に潜在する物理的制約、方針の制約、市場の制約を見つけ出し、それらを解消することで、時間とお金を掛けずに「時間当たりの利益」が最大化します。その結果、"生産性が上がり"、"残業が減り"、"賃金が上がる"が実現します。

　今ある経営資源が最大限に活躍できる職場。今まで陰に隠れていた女性や高齢者やパートタイマーが活躍できる職場創りが生産性向上の第一歩です。

　人件費はコストではありません。人件費は未来への投資で

す。みんなが働きやすい職場創りは未来への投資です。

生産性を高めるとは時間当たりの利益を最大化させることです。

「ノー残業デー」などで残業をなくすだけでは生産性は向上しません。もし、「ノー残業デー」を実施して生産性が上がったら、それは今まで無駄な残業手当を支払っていたことになります。

経営は科学です。本書では制約理論（TOC）を活用して科学的に生産性を高める方法とそれらをバックアップするための労働基準法の適正活用方法や人材活躍方法などを解説してきました。

薄利多売の大企業に有利なビジネスモデルは終焉を告げようとしています。

これからは、「厚利少売」の時代です。お客様を満足させる付加価値の高い商品やサービスをどれだけ短い期間で販売できるかが勝負の時代となります。

参考文献

在庫が減る！利益が上がる！会社が変わる！

村上　悟　石田忠由　中経出版

「図解」コレならできるクリティカルチェーン

津曲公二　酒井昌昭　中　憲治　ダイヤモンド社

「よかれ」の思い込みが、会社をダメにする

岸良裕司　ダイヤモンド社

最短で達成する全体最適のプロジェクトマネジメント

岸良裕司　KADOKAWA

ゴールはどこえ消えた？　　　　Toc-japat　ラッセル社

エリヤフ・ゴールドラットの「制約理論」がわかる本

中野　明　秀和システム

最速で開発し最短で納めるプロジェクト・マネジメント

村上　悟　井川伸治　中経出版

仕事の問題地図　　　　　沢渡あまね　技術評論社

思考を変える！見方が変わる！会社が変わる！

石田忠由　佐々木俊雄　中経出版

労働時間を適正に削減する法

労務リスクソリューションズ　アニモ出版

平成28年版 労働経済白書　　　　　　　厚生労働省

新訂３版 知らなきゃトラブる！労働基準関係法の要点

全国労働基準関係団体連合会

商売繁盛七つの知恵袋　望月敬介　幻冬舎ルネッサンス

加代とトラ婆ちゃんのがけっぷち美容室立て直し奮闘記

望月敬介　総合法令出版

書籍コーディネート

インプルーブ　小山睦男

望月敬介（もちづき　けいすけ）

望月経営労務管理事務所代表。中小企業診断士、特定社会保険労務士、特定行政書士。

1960年静岡県静岡市（旧清水市）生まれ。法政大学経済学部卒業後、エネルギー事業の株式会社TOKAIに勤務。その後、25歳で起業し食品小売会社を経営する。しかし経営の「ケ」の字も知らないど素人が始めた商売は甘くなかった。結果は毎年赤字の連続。気がつけば莫大な借金が覆いかぶさっていた。31歳の時に現在の事務所を開設する。商売での数々の修羅場をくぐりぬけてきた経験が、経営で苦しんでいる社長の心境に共感でき、理屈ばかりでなく、わかりやすく実践的なコンサルティングが評判を呼ぶ。公共団体、金融機関の経営・労務セミナーの講師として活躍中。

著書に、「商売繁盛七つの知恵袋」（幻冬舎ルネッサンス）、「加代とトラ婆ちゃんのがけっぷち美容室立て直し奮闘記」（総合法令出版）、「商業診断士突破マニュアル」（共著）（日刊工業新聞社）がある。

生産性を上げる経営管理と労務管理

2018年5月28日　第1版　第1刷発行

定価はカバーに表示してあります。

著　者　望月　敬介

発行者　平　　盛之

発行所　㈱産労総合研究所
出版部　経営書院

〒112-0011
東京都文京区千石4—17—10　産労文京ビル
電話03（5319）3620　振替00180-0-11361

落丁・乱丁本はお取り替えいたします。　　印刷・製本　中和印刷株式会社

本書の一部または全部を著作権法で定める範囲を超えて，無断で複写，複製，転載すること，および磁気媒体等に入力することを禁じます。

ISBN978-4-86326-259-1